Digitais de um Leitor

Coleção Debates
Dirigida por J. Guinsburg
(*in memoriam*)

Equipe de Realização – Coordenação de texto: Luiz Henrique Soares e Elen Durando; Edição de Texto: Luiz Henrique Soares; Revisão: Manuela Penna Azi; Produção: Ricardo W. Neves e Sergio Kon.

j. guinsburg

DIGITAIS
DE UM LEITOR

organização:
J. Guinsburg, Gita K. Guinsburg e Rosangela Patriota

desenhos:
Pedro Maluf

© 2021 J. Guinsburg

CIP-Brasil. Catalogação na Publicação
Sindicato Nacional dos Editores de Livros, RJ

G982d
    Guinsburg, J., 1921-2018
    Digitais de um leitor / J. Guinsburg ; organização J. Guinsburg, Gita K. Guinsburg, Rosangela Patriota. - 1. ed. - São Paulo : Perspectiva, 2021.
    288 cm. (Debates ; 342)

    ISBN 978-65-5505-070-7
    1. Literatura - História e crítica. 2. Ensaios brasileiros.
I. Guinsburg, J. II. Guinsburg, Gita K. III. Patriota, Rosangela.
IV. Título. V. Série.

21-72745   CDD: 869.4
                                                           CDU: 82-4(81)

Camila Donis Hartmann - Bibliotecária - CRB-7/6472
19/08/2021   24/08/2021

1ª edição

Direitos reservados à

EDITORA PERSPECTIVA LTDA.

Rua Augusta, 2445, cj. 1
01413-100 São Paulo SP Brasil
Tel.: (11) 3885-8388
www.editoraperspectiva.com.br

2021

Li, certa vez, a história de um grupo de pessoas que subia cada vez mais alto pelo interior de uma torre desconhecida e muito elevada. Os da primeira geração chegaram até o quinto andar, os da segunda, até o sétimo, os da terceira, até o décimo. No correr do tempo, seus descendentes atingiram o centésimo andar. Foi então que a escada desmoronou. As pessoas se instalaram no centésimo andar. Com o passar do tempo, esqueceram-se de que um dia seus ancestrais haviam chegado ao centésimo andar. Passaram a considerar o mundo, bem como a si mesmas, a partir da perspectiva do centésimo andar, ignorando como os seres humanos haviam chegado ali. Chegavam até a acreditar que as representações que forjavam para si a partir da perspectiva de seu andar eram compartilhadas pela totalidade dos homens.

NORBERT ELIAS, *Sobre o Tempo*[1].

1. Rio de Janeiro: Zahar, 1998, p. 108.

SUMÁRIO

Mais Que Digitais – *Rosangela Patriota* 15

1. LITERATURA BRASILEIRA
"Os Sertões", Um Tema em Busca de um Escritor ... 35
"Memórias do Cárcere", de Graciliano Ramos 40
Três Romances Que Vencem o Tempo 47
O Contista de "Terno de Reis" 51
"Chão de Infância": Paulo Dantas 53
Para Além de Aquelas Muralhas Cinzentas… 55
"O Capitão Jagunço" 63
Os Caminhantes de Santa Luzia 65
"Lampião" 75
A "Aldeia Sagrada" 77
Com Cravo e Canela… 79

"Marcoré" 82

"Barrabás, o Enjeitado" 84

De Remota Província… 89

"Território dos Bravos" 91

Uma Obra de Realismo Social: "Sangue na Pedra".. 93

Dois Jovens Poetas: Fujyama e Pierre Santos 99

"Os Imigrantes" de Samuel Rawet 101

Imigrantes Judeus/Escritores Brasileiros 108

"Trilogia das Buscas" 111

Anotações de um Caixeiro–Viajante 113

A Ficção da Vida na Vida da Ficção:
Eliezer Levin 116

Eh, Che, Moacyr, Scholem Aleikhem! 119

2. LITERATURA ESTRANGEIRA

Gerchunoff 125

Um Gaúcho Nascido na Rússia 128

O Mundo de Thomas Mann 131

Heine, a Personificação do Paradoxo 133

Sobre "Os Meus Gloriosos Irmãos" 137

Em Busca da Realidade Histórica 149

Entre Dois Versículos 152

Max Brod 157

Apócrifos de Tchápek ou a Busca
da Arca Perdida 160

Kafka e Seu Contexto Social 163

Kafka e o Rato 166

Religião e Religiosidade em Kafka 170

Kafka, a Iconicidade de uma Escritura 180

"O Capote" de Gógol 185

Um Rumoroso Prêmio Nobel................................... 187
"Doutor Jivago", Obra do Diabo........................... 192
Vida e Destino: Vassili Grossman........................... 195
Uma Tradução de Tchékhov................................... 197
Quem Está em Jogo?... 200
Dostoiévski Continua Perseguindo os Judeus ou
os Judeus Continuam Perseguindo Dostoiévski? .. 204
Fora do Tempo 211
Camus em Vez de Sartre 214
Um Intérprete Brasileiro de Proust........................ 216
Um Pequeno Introito a um Grande Capítulo 221
As Ruínas de "O Leopardo" 224
Um Detetive de Nosso Tempo 228

3. SILHUETAS DA CRIAÇÃO
Mestre Graciliano 233
Morreu Graciliano Ramos..................................... 236
Cecília Meireles 238
Crisantempo 243
A Presença de Haroldo de Campos........................ 245
A Verdade do Poema na "Lógica do Erro":
Affonso Ávila 252
Anatol H. Rosenfeld 252
Anatol Rosenfeld: Uma Presença........................... 259
A Propósito de Dois Relatos.................................. 264

4. QUESTÕES AINDA CONTEMPORÂNEAS
Uma Pequena Omissão 269
Uma Voz Árabe 272
Anatol Rosenfeld e o Irracionalismo..................... 279

NOTA DE EDIÇÃO

Nesta coletânea reúno algumas das ligeiras digitais de minha presença neste Brasil e neste mundo da segunda metade do século XX e início do XXI. Devo a organização destas marcações escritas à paciência de minha querida Gita e à boa vontade de Rosângela Patriota. O propósito não foi o de assinalar alguma evolução relevante, porém apenas a percepção e, talvez, o entendimento de alguém que viveu as coisas, as figuras e as ocorrências que lhe foram dadas enxergar, sentir e, a seu modo, avaliar.

Os textos não estão dispostos em uma sequência cronológica, mas numa desordem de afinidades que corresponde à forma tumultuada com que se fez o seu registro datilográfico ou computacional ao correr dos dedos do meu jornalismo ou grafismo editorial e, mais ainda, à sucessão agitada da própria vida. Se algum leitor encontrar aí algo que mereça a sua recepção ou reflexão, saiba ele que terá valido, para mim, a pena, a tentativa de fixar e transmitir estas digitais. Obrigado, pois.

J. Guinsburg
Março de 2018

MAIS QUE DIGITAIS...

O artista e o intelectual independentes estão entre as poucas personalidades preparadas para resistir e lutar contra os estereótipos e a consequente morte das coisas genuinamente vivas. Agora uma nova percepção envolve a capacidade de desmascarar continuamente e esmagar os estereótipos de visão do intelecto com os quais as comunicações modernas nos assolam.

C. WRIGHT MILLS,
Power, Politics, and People[1]

Considero extremamente instigantes e pertinentes iniciativas que reúnem, *a posteriori*, no formato livro, artigos, ensaios, críticas, prefácios, conferências, que foram publicados e/ou

---

1. Coletânea organizada por Irving Louis Horowitz: New York: Ballantine, 1963, p. 299 apud Edward Said, *Representações dos Intelectuais*, São Paulo: Companhia das Letras, 2005, p. 34.

proferidos ao longo de tempo. Junto com essa afirmação, de imediato, vem a indagação: qual o sentido de republicá-los? Tal questionamento adquire relevância porque quando um trabalho é publicado, geralmente as atenções se voltam para as ideias nele veiculadas, para os possíveis diálogos suscitados e, mais ainda, sobre sua atuação junto aos contemporâneos. Porém, após alguma circulação, geralmente, caberá a ele o espaço destinado à grande maioria das produções intelectuais: as referências bibliográficas.

Assim, em que pese a indagação e as ponderações feitas, além de outras que, porventura, possam existir, considero extremamente profícuas tais iniciativas. Em primeiro lugar, porque concedem aos textos uma segunda vida, na medida em que eles retornam como novos lançamentos e isso, com certeza, é algo relevante, pois suas ideias são colocadas à disposição de novos leitores e isso estimula a potencialidade de reapropriação inerente a toda produção humana.

Junto a isso, emergem aspectos de suma importância para o estabelecimento de uma prática formativa e para o descortinar de evidências relevantes a discussões atinentes à história cultural no Brasil.

Por esses motivos, acredito que o livro *Digitais de um Leitor*, de autoria de J. Guinsburg, é dotado de tais qualidades, a meu ver, imprescindíveis para publicações com esse perfil. Estruturado em quatro partes, o volume apresenta escritos voltados para a literatura em geral, junto de apreciações sobre trajetórias intelectuais e de debates contemporâneos..

Elaboradas em momentos distintos, tais reflexões possibilitam ao leitor observar, por meio de um olhar arguto, distintas camadas de leituras e de preocupações mobilizadas para a confecção delas.

Por exemplo, na primeira parte, consagrada à literatura brasileira, encontramos textos mais homogêneos, em termos de cronologia e de temáticas. Em sua maioria, foram confeccionados na década de 1950 e majoritariamente voltados para o ciclo regional do Nordeste. Inicia-se com uma discussão acerca do icônico *Os Sertões*, de Euclides da Cunha, na qual Guinsburg articulou o conteúdo do livro às expectativas de seu autor, ou seja, em sintonia com questões de seu tempo. Em vista disso, trouxe para sua análise aspectos significativos do debate político e social, em torno das desigualdades que marcaram, e infelizmente ainda marcam, cidades e regiões do país. Nesse sentido, ao mesmo tempo que evidenciava motivações de ordem literária, Jacó, em momento algum, perdeu a dimensão histórica e política do livro que hoje integra o cânon brasileiro.

Essa preocupação, tão bem acentuada, tornou-se o eixo condutor das análises para as obras de Rachel de Queiroz, Graciliano Ramos, Ricardo Ramos, Franklin Távora, Paulo Dantas, Jorge Amado, Ranulfo Prata e Francisco Marins, além de Herculano Pires. Lidos em conjunto, esses escritos constroem significativo panorama sobre os romances e seus autores.

Na tessitura das palavras, das circunstâncias e das ideias, os homens encontram-se com a aridez da região, com as dificuldades e com os desejos de sobrevivência. Em suma, se está diante do universo simbólico e dos espaços geográficos/culturais do que se denomina Nordeste. Com isso, vivências, memórias, práticas sociais, conflitos, sonhos e aspirações foram apreendidas pela narrativa de Guinsburg. Ele buscou acentuar escolhas que, por um lado, evidenciaram paisagens, personagens e conflitos locais, enquanto, de outro, articularam-se ao realismo social, ao recriar, em termos ficcionais, fragmentos que compuseram o campo de observação desses artistas.

Reconhecidas as obras, os autores e os temas, da década de 1950, do ponto de vista da história cultural, reler os artigos de Guinsburg estimulante, pois eles fornecem indícios sobre o repertório intelectual do autor em relação à literatura brasileira, junto com a abordagem de questões sociais, sob a égide do realismo, como estilo predominante. Esse material oferece importantes pistas para a forma pela qual o diálogo entre arte e sociedade no Brasil, de meados do século xx, procurou, em algum nível, apresentar horizontes críticos e anunciar possibilidades de transformação.

É evidente, essas discussões não podem, em absoluto, ser dissociadas dos debates políticos e culturais com os quais J. Guinsburg esteve sintonizado. A sua proximidade com o Partido Comunista Brasileiro, a formação sistemática, voltada para a cultura brasileira, somada à sua vivência de infância e adolescência no bairro do Bom Retiro, reafirmaram tanto o olhar socialmente comprometido quanto a liberdade em romper continuamente com padrões e análises preestabelecidas.

Com uma escrita singular, na qual o vivo interesse do autor articula-se com a busca de sólidos argumentos para fundamentar suas ideias, estes textos são registros importantes dos interesses e dos debates que envolviam setores da intelectualidade brasileira, assim como apresentam as estratégias adotadas para a divulgação de obras e reflexões. Novamente, é preciso reiterar, era um período em que as expectativas de que seria possível transformar o Brasil em uma nação desenvolvida e com menos injustiça eram os *leitmotive* que alimentavam corações e mentes.

Sob esse prisma, o olhar de J. Guinsburg é muito provocativo porque ao mesmo tempo que, como cidadão e intelectual, integrou-se à sociedade brasileira, mais precisamente à cidade de São Paulo, ele sempre manteve intocada a sua condição de *outsider*, que lhe permitiu elaborar percepções instigantes para outras regiões do país, bem como compreender a maneira pela qual escritores de ascendência judaica e japonesa, sem perderem suas referências culturais, produziram obras dialógicas com o país em que escolheram viver. Nesse aspecto, cabe menção especial às reflexões em torno de Anatol Rosenfeld, em uma bela e sensível análise do processo de busca, descoberta e inserção do filósofo alemão à vida da metrópole paulistana.

Da maneira como transitou, com desenvoltura e profundidade, por obras da literatura brasileira, Guinsburg oferece uma enriquecedora viagem e estimulantes indagações em relação a autores e obras seminais, a começar por suas ponderações acerca de uma palestra proferida por Anatol Rosenfeld, que versava sobre a obra de Thomas Mann. Mesmo que não tenha sido algo deliberado, os apontamentos sobre o ambiente cultural alemão se desdobram em suas considerações a respeito de Heine, por ocasião do centenário de sua morte. A fim de evidenciar os diálogos contraditórios em torno de estilos como romantismo e realismo, no enfrentamento de binômios entre intuição/razão, ironia/devoção, ao lado de confrontos com a poesia de Goethe e Schiller, Guinsburg, em seus comentários, buscou enfatizar as apropriações das tradições alemã, francesa e judaica que tornaram Heine desafiador e estimulante não apenas pelo que produziu, mas pelas potencialidades por ele vislumbradas.

Uma característica que marca profundamente a atualidade dos escritos de Jacó Guinsburg diz respeito, em primeiro lugar, ao seu grande apreço pela História como disciplina no campo das ciências humanas, dado, inclusive, inconteste quando se percorre a sua vasta produção intelectual. No entanto, para além dessa sua grande paixão, o que chama a atenção em seus escritos da década de 1950, é como ele, sob o ponto de vista da criação estética, antecipou, pelo menos entre nós, brasileiros, o diálogo entre história e ficção.

Nesse sentido, partindo das possibilidades analíticas e interpretativas que envolvem a noção de romance histórico, Jacó escreveu dois ensaios intitulados "Sobre os Meus Gloriosos Irmãos" e "Em Busca da Realidade Histórica", voltados para a obra do escritor norte-americano Howard Fast – também autor de romances policiais assinados sob o pseudônimo E.V. Cunningham –, na qual a mescla entre sua origem judaica e a militância é evidente. Neles, por intermédio da verossimilhança, as interfaces entre os caminhos da ficção e as evidências documentais ganham destaque, na medida em que o autor discorre sobre os recursos estilísticos e as estratégias narrativas adotadas por Fast para desenvolver instigante exercício de mediação entre acontecimentos, localizados em tempo e espaço definidos, e o processo de recriação dos mesmos no âmbito da criação artística.

Por esse aspecto, a releitura do material aqui reunido, *a posteriori*, dá visibilidade e densidade a uma série de indícios e de temas abordados por Guinsburg. Um deles ganha especial relevância: a maneira pela qual foi se constituindo, para além de suas origens, o seu interesse, como investigador, pela cultura judaica. Provavelmente, a busca por compreender como essa se perpetuava como manifestação cultural e artística, em distintos momentos históricos, em regiões e países com práticas culturais específicas, propiciou o alargamento de sua formação intelectual que foi, ao longo do tempo, capaz de produzir uma das mais sofisticadas formações interpretativas.

Esse interesse, acredito, é a chave a partir da qual temáticas e tradições são questionadas e problematizadas. Tal percepção evidencia-se quando se observa, de forma abrangente, considerações feitas a obras que visitaram, sob diferentes ângulos, narrativas fundamentais da tradição judaica. Some-se a isso a efusiva saudação pelo lançamento da coleção Leste, sob a responsabilidade de Nelson Ascher, pois, em princípio, ela cumpriria o papel de dar a conhecer um repertório artístico e cultural que, em níveis internacionais, na maioria das vezes fora reduzido a Milan Kundera e Václav Havel.

Não perdendo o foco de suas preocupações, mas articulando-o à tradição literária clássica, Jacó Guinsburg elaborou quatro ensaios importantes sobre Franz Kafka. Embora tenham sido escritos em momentos distintos e, provavelmente, com interesses particulares, hoje esses textos reunidos propiciam, sem dúvida, outros redimensionamentos. Em vista disso, o primeiro trabalho constrói um exercício entre história e literatura, ao refletir sobre as circunstâncias sociais em que a obra do escritor tcheco foi gestada. Novamente, constata-se que tal enfoque é uma das marcas essenciais dos escritos de Guinsburg, porque, em seu entendimento, o caráter fenomenológico da obra, ao convidar ao diálogo entre texto e contexto, possibilita que ela venha receber percepções com maior amplitude. Por essa estratégia, questões atinentes às metáforas instituintes da narrativa kafkiana são problematizadas, da mesma maneira que interpretações em torno da ideia de religiosidade adquirem amplitude para, finalmente, apresentar elementos de composição da escrita de Kafka, a partir de importantes obras em interlocução com outros ícones da literatura ocidental.

Nesse universo de temas e objetos literários, emerge a familiaridade de Jacó Guinsburg com os autores russos, que permitiu a ele trazer à tona aspectos e debates importantes da literatura daquele país. Assim, inquietações em torno de escritos de Gógol surgem juntamente com questões relativas à tradução de Tchékhov, bem como adquirem visibilidade os debates e a complexidade presentes nas considerações feitas aos livros de Boris Pasternak e Vassili Grossman. Confeccionados em diferentes momentos, ambos versam sobre situações específicas e mesclam sonhos, utopias e frustrações à progressiva centralização do Estado e da vida social. Enquanto o primeiro é ambientado entre a Greve Geral de 1905, a Primeira Guerra Mundial e os desdobramentos da Revolução de Outubro de 1917, o segundo constrói situações de absoluta pungência em relação à miséria humana, nos dias que antecederam a derrota do Terceiro Reich na Batalha de Stalingrado. Em meio às desventuras coletivas, os pequenos anseios e as existências solitárias vão escorrendo entre os dedos. Foi exatamente por estar atento a essas nuanças que Guinsburg desenvolveu análises nas quais enfatizou as tragédias individuais perante a grande marcha da história.

Em tal percurso, a força da cultura russa torna-se ainda mais presente quando dimensões da nossa existência, isto é, de nossa humanidade, são desveladas pela análise do belíssimo trabalho de Boris Schnaiderman para verter *O Jogador* de Dostoiévski para a língua portuguesa. Tais observações contribuem para tornar ainda mais densos os comentários em torno de *Verão em Baden-Baden*, de Leonid Tsípkin. Encerrando o ciclo russo, mais uma bela homenagem ao talento de Boris Schnaiderman em sua transcriação dos contos de Górki para o idioma de Machado de Assis.

No encerramento do capítulo voltado para a literatura estrangeira encontram-se apreciações sobre os embates entre Marcel Camus e Jean-Paul Sartre, a propósito do Prêmio Nobel de Literatura concedido ao primeiro, ao lado das análises em torno do trabalho interpretativo de Álvaro Lins sobre o romance *Em Busca do Tempo Perdido* de Marcel Proust. Ressaltam-se também importantes indícios para aqueles que se voltarem à obra de Diderot. Por fim, o diálogo com o moderno e com a modernidade também se faz presente pela obra *O Leopardo*, de Lampedusa, e pelas sensíveis palavras sobre do instigante e surpreendente trabalho de Leonardo Padura, *O Homem Que Amava os Cachorros*.

No momento seguinte de *Digitais de um Leitor*, o leitor encontrará o que considero o momento mais pungente desta edição, "Silhuetas da Criação", um misto de reconhecimento pessoal e intelectual dedicado a artistas e pensadores que marcaram a formação e o repertório de Guinsburg: Graciliano Ramos, Cecília Meireles, Haroldo de Campos, Affonso Ávila e Anatol Rosenfeld.

O texto inicial é voltado à figura de Graciliano Ramos por ocasião das efemérides relativas ao seu aniversário de sessenta anos. Guinsburg, ao mesmo tempo que se associa às homenagens feitas ao escritor alagoano, revela o impacto de sua literatura no Brasil e no exterior, seja pela força de suas temáticas, seja pelo estilo narrativo. Com isso, pelo exercício de fruição, da força dos temas e da construção formal, dá visibilidade ao estilo realista que consagrou o artista.

O vigor do Nordeste que emerge de sua narrativa transcende os limites da região e adquire uma amplitude dimensionada pela escrita crua, mas dotada de imensa sensibilidade social. Já o segundo artigo é novamente uma homenagem, um reconhecimento ao artista, por ocasião de seu falecimento no ano de 1953. Mais que um registro, as palavras de J. Guinsburg traduzem o olhar dotado de admiração, respeito e gratidão ao velho Graça.

No que se refere a Cecília Meireles, a mescla da biografia intelectual à dor da perda da maior poetisa brasileira dão unidade ao artigo, no intuito de ressaltar a força poética de seus versos alinhada a uma perspectiva modernista e à urgência de uma linguagem nacional e lírica.

Em relação a Haroldo de Campos, Affonso Ávila e Anatol Rosenfeld, a sutileza da amizade em momento algum empalideceu o olhar crítico com o qual Jacó se debruçou sobre as suas obras. A capacidade criativa, realçada em meio a soluções artísticas e pontos de vista, permitiu singularizar as criações e os próprios criadores. Com isso, a proximidade associada ao rigor da análise, possibilitou a escrita pungente da memória e da saudade. E, no caso de Rosenfeld, o conjunto de textos mesclam, de maneira definitiva, a convivência fraterna, a cumplicidade e o exercício da crítica em uma das grandes parcerias da cultura brasileira.

O livro se encerra com quatro textos produzidos no calor de debates contemporâneos. Dois deles estão voltados para a cidade de São Paulo. O primeiro está centrado no acervo do MASP (Museu de Arte de São Paulo), enquanto o segundo é uma reflexão sobre o lugar dos judeus na construção da capital paulista, não com o objetivo de colocar os holofotes sobre esses sujeitos e sim de demonstrar, com maior clareza, a pluralidade que marcou, desde o início, a formação dessa metrópole.

Na sequência, estão dois ensaios teóricos que contribuem com questões do tempo presente. Um deles é a resenha do livro de A. Rezak Abdel-Kader, publicada em 1964, cuja intenção é refletir sobre o conflito árabe-judeu que, ainda nos dias de hoje, continua sendo pauta importante do cenário internacional. No entanto, esse trabalho, longe de ser uma tomada prévia de posição, é um convite para se pensar nas possibilidades de coadunação de interesses, a partir de perspectivas históricas e de soluções possíveis que, infelizmente, continuam sendo ignoradas.

Finalmente, para encerrar este livro, há há uma bela reflexão sobre as bases epistemológicas do pensamento de

Anatol Rosenfeld. Escrito em 1991, esse artigo, na verdade, procurou trazer para o debate questões atinentes ao racionalismo *versus* o irracionalismo. À luz da formação do filósofo judeu-alemão, Guinsburg buscou compreender as restrições por ele feitas ao Living Theatre e a Los Lobos, grupos que tiveram impacto na cena teatral paulistana, em fins da década de 1960.

Salvo melhor juízo, a retomada de tal discussão veio ao encontro dos desdobramentos em torno da contínua e sistemática fragmentação de temas e interesses, que adquiriu grande projeção no decorrer da segunda metade do século passado. Com isso, revisitar tal debate, acredito eu, tenha sido instigante estratégia para evidenciar a importância da presença de parâmetros e de argumentos para o estabelecimento de uma formação cultural cuja síntese se apresenta na magnífica personagem Hans Castorp, protagonista de *A Montanha Mágica* de Thomas Mann.

Em vista do conteúdo que compõe este volume, é inequívoca a percepção de que se está diante de um mosaico de temas, ideias e de certa percepção de mundo e sociedade que alimentou importantes momentos do século xx. Mais ainda: são belíssimas evidências da formação e dos interesses de um autor, J. Guinsburg, como também são vetores capazes de suscitar os caminhos possíveis para que possamos compreender a disseminação de modos de pensar e de instrumentos interpretativos em relação à cultura e à sociedade herdadas e com as quais interagimos em momentos distintos de nossa trajetória.

Por esse motivo, neste momento, reporto-me à epígrafe deste livro. As palavras de Norbert Elias articulando a ação do tempo sobre nós enquanto aponta para os perigos que uma sociedade enfrenta quando, seja de forma deliberada, seja de maneira inconsciente, se recusa a dialogar com a tradição, em grande parte responsável pelo mundo em que se vive. Esses escritos, produzidos no decorrer de uma vida, são significativos fragmentos de situações, expectativas e debates que suscitaram interesses e preocupações. Em outros termos, é uma publicação de delicados trabalhos em torno da crítica de arte e da perspectiva histórica, pois eles congregam o olhar de alguém permeado pela ação do tempo.

Prezado leitor, *Digitais de um Leitor* é um livro de aforismos, isto é, seja em qual página o exemplar for aberto, nele serão encontrados pontos de vistas, opiniões, referências literárias, intelectuais e, creio eu, afetivas. Digo isso porque alguém que se debruça, em circunstâncias históricas, sobre uma infinidade de obras e de autores é, com certeza, um amante fervoroso das palavras, das ideias, do debate e da democratização do conhecimento, que só se materializa na divulgação e na disseminação desse patrimônio imaterial, a fim de que ele seja apreendido, sorvido, degustado e, com isso, possa propiciar o advento de outras práticas culturais e artísticas.

Já tive a oportunidade de dizer isso inúmeras vezes e, acredito, nunca é demais recordar: Jacó Guinsburg é um homem de palavras e de cultura. O seu universo se constitui de livros e de pessoas capazes de levarem adiante temas e questões que possam contribuir, por mínimo que seja, em tornar a nossa existência um pouco mais digna e gentil.

Como poucos, Guinsburg soube e sabe dar legitimidade a esses propósitos, pois, mesmo construindo a sua vivência em meio às ruas do bairro do Bom Retiro e mergulhando em inúmeras atividades profissionais, sempre teve o livro como *leitmotiv* de sua jornada. Em virtude disso, só poderia se tornar plenamente um homem de palavras e de livros.

Por isso, *Digitais de um Leitor* é muito bem-vindo!

Ele propiciará que se conheça ainda mais a formação intelectual de Guinsburg, assim como ampliará o repertório daquele que se dispuser a lê-lo porque é também uma possibilidade de navegar em territórios, para muitos, ainda não explorados.

Enfim, ler e aprender com Jacó Guinsburg é sempre um grande prazer!

Rosangela Patriota

Dezembro de 2017

LEITURAS E LEITORES NO BRASIL: REFLEXÕES

A remissão do título põe em causa imediatamente um largo e complexo conjunto de perguntas sobre a sociedade e a cultura do Brasil contemporâneo. Para uma resposta menos empírica e menos calcada em impressões pessoais, o tema exigiria uma pesquisa em profundidade. Mas, como sói acontecer em muitas investigações desse gênero, que pretendem elucidar questões de interesse público, amplas e gerais, a resposta ampla e geral, aquela que corresponde à síntese das possíveis revelações científicas, obtidas com todo o rigor metodológico, encontra-se na boca do povo. É claro que especificações e dados quantitativos, correlações e inferências particulares permitem uma visão mais precisa e mais comprovada, mas no todo, quase sempre, o que resulta é o óbvio ululante, chegando às vezes até a tornar-se ridícula a tentativa de extrair dessas cascas repisadas, quando não ressequidas, um pouco mais de sumo.

Não é preciso, portanto, reinfatizar que o problema desde logo se propõe em termos que apontam para as condições socioeconômicas em que vive a maior parte da população brasileira. Desprovida de meios adequados de produção e subsistência, sem poder aquisitivo para nada, afundada no analfabetismo ou numa escolarização carente, inatendida em necessidades mínimas de higiene e saúde, presa de um processo caótico de migrações internas e esgarçamentos familiares e sociais, que transforma o homem do campo em favelado das monstruosas metrópoles modernas, arrancada de uma cultura até há pouco arrimada na tradição oral e posta na máquina de pasteurização de peculiaridades de uma vertiginosa e implacável cultura tecnovisual, não tem ela a menor possibilidade de se envolver efetivamente com o livro, como seu consumidor, em todas as acepções do termo. Quando muito, se estiver incluída na camada que alcançou algum grau de alfabetização e escolaridade, passará os olhos por um órgão qualquer de imprensa, jornal ou (ocorrência ainda menor) revista, sendo também eventualmente suprida em suas necessidades de alimento emocional ou intelectual pela literatura de cordel e dos cultos populares, mas sobretudo pela novela, pelos noticiários e transmissões de prélios esportivos no rádio e, maciçamente, na televisão, veículo que se sobrepôs ao cinema. Nessas circunstâncias, salta aos olhos, e ninguém o ignora, que um largo segmento populacional se encontra obrigatoriamente fora de qualquer cálculo sobre o círculo de leitores em nosso País. É marginal a ele, como a tantos outros círculos...

Contudo, a questão não se esgota aí. Não se trata só do fato de que o marginalizado fantasma, metido à força dentro de um baú de coisas incômodas, vive escapando pelo buraco da fechadura e insiste em projetar a sua sombra sobre as cadeiras, em grande parte vagas, do leitor. Pois a verdade é que, mesmo aquelas cadeiras, digamos poltronas, para a nossa maior comodidade, aparentemente ocupadas, o estão apenas de maneira parcial.

Considerando-se unicamente os setores que se acham habilitados material e/ou culturalmente a chegar ao livro, dois aspectos avultam: a pequena disponibilidade, para o item, no orçamento dos estratos que deveriam, pelo nível de instrução e cultura ou/e por razões profissionais constituir o grosso dos referidos leitores; a fraca disseminação do hábito de leitura nesses mesmos grupos. Ao que tudo indica, entretanto, principalmente se se tem em mente a relevância de outros gastos da mesma ordem (isto é, afora os indispensáveis à vida) na economia do brasileiro médio, a relação de causa e efeito não explica totalmente o segundo fenômeno acima salientado, podendo-se atribuí-lo a um padrão cultural, como de fato o fazem muitos daqueles que, com base na prática editorial e livreira ou nos estudos concernentes, têm comentado o problema.

Os exames da questão, efetuados sob esse ângulo, costumam destacar que uma quota mínima de lazer é, em tais camadas, dedicada ao livro, inclusive o de simples entretenimento, mesmo se se levar em conta os índices aparentemente elevados das edições nacionais de *best-sellers* de ficção amorosa, sentimental, científica, policial e de terror, de obras de exploração erótica e de pornografia, além de outros espécimes de uma vasta produção destinada ao passatempo do leitor e que pode ser rotulada em geral de literatura de "diversão", independentemente da qualidade de seus textos.

Quando se passa do campo do lazer para o da utilidade de qualquer natureza, boa parte das opiniões mais qualificadas no tema tem ressaltado um ponto que parece fundamental para a compreensão do que sucede com o livro no ambiente ora em foco: o livro não exerce aí a função instrumental, pelo menos no mesmo grau que desempenha em meios similares de países tanto ou mais desenvolvidos, ou melhor, com um desenvolvimento mais uniforme na média de seu corpo social. Os motivos são complexos, fugindo a sua análise específica ao presente propósito e à capacidade do articulista. Mas até o leigo nas diferentes ciências humanas implicadas em tal avaliação pode perceber que, na presente fase do processo, certas inflexões da história sociopolítica e da educação no Brasil foram enormemente potenciadas pela massificação selvagem do ensino e sua desenfreada exploração nas verdadeiras fábricas de diplomas instaladas na esteira desse fenômeno. Já pouco estimulado à leitura liberal na formação secundária, o estudante, em seu curso universitário, passa à magra dieta de apostilas e xerox, de modo que não traz, nem forma, o hábito nem a exigência da leitura, não só instrutiva, como atualizadora, quando, depois de graduado, tendo debaixo do braço o cobiçado canudo, se vê lançado nas vicissitudes da vida profissional e da luta econômica. Compreende-se que esse cidadão não veja – fala-se da *média* – no livro uma ferramenta vital de aperfeiçoamento e promoção pessoal, ainda que seja em um plano puramente utilitário, para não mencionar a malfadada esfera da cultura e do saber puros, tão atentatória às rentabilidades da pragmática tecnicista...

Sem dúvida, os fatores acima esboçados, mesmo se tomados em conjunto, estão longe de responder plenamente à instigação do tema. Embora possam talvez sugerir algumas das linhas de força ao longo das quais a problemática se coloca, é evidente que, além de analisá-los com toda a profundidade e extensão indispensáveis ao reconhecimento de sua objetividade, seria preciso estender o estudo à contrapartida do leitor, que é o produtor do livro. Pois se é certo que não se faz porque não se procura, não deixa de ser verdade também, em determinada medida, que não se procura porque não se faz. Em outros termos, o processo de rarefação é, até certo ponto e em alguns aspectos, retroalimentado.

Evidentemente, não é da responsabilidade do produtor que o livro técnico e científico, enquanto bibliografia de apoio e atualização, e não como compêndio, tenha uma circulação apenas incipiente em nosso meio; que obras de igual destinação no domínio das ciências humanas, dos estudos literários, artísticos, filosóficos e congêneres possam considerar-se bem-sucedidas quando uma edição de dois mil exemplares é escoada em três anos; que os chamados "clássicos" e os grandes textos da poesia, ficção, teatro nacional e estrangeiro só atinjam tiragens razoáveis em edições para fins escolares ou nas de alguma poderosa indústria cultural (com recursos especiais de promoção e distribuição), estando condenados, nas edições normais, a vegetar em mais do que morosa mediania; e assim por diante. Porém, como isentá-lo da parte que lhe cabe no plano dos métodos rotineiros de trabalho, da política de custos, das ideias preconcebidas sobre o seu público e da falta de visão no tocante ao processo? Essas falhas não se constituirão em outros tantos óbices a emperrar mais duramente o que já está emperrado? E, na medida em que o fazem, não se poderá dizer que o brasileiro lê ainda menos do que poderia ler, mesmo nas atuais circunstâncias?

Não seria justo, todavia, concluir por uma inversão da perspectiva sugerida inicialmente. O monstro das condições e dos padrões, ainda que deva ser desafiado, continua sendo um monstro, que é preciso acima de tudo vencer, a despeito do muito que representam as mudanças estruturais e o avanço da atividade cultural de nossa sociedade neste final de século.

LITERATURA BRASILEIRA

"OS SERTÕES":
UM TEMA EM BUSCA DE UM ESCRITOR

Há muito que o sertão reclamava o seu escritor. Há muito que a tortura do sertanejo martirizado pela impiedade do meio físico, explorado pelo senhor da terra e do gado, mergulhado na mais profunda ignorância reclamava uma voz que, embora "clamando no deserto", se erguesse desnudando as chagas e as misérias de um mundo abandonado por Deus e esquecido pelos governantes. Esse escritor surgiu na pessoa de Euclides da Cunha. E essa voz se ergue das páginas de *Os Sertões*.

No átrio do templo positivista edificado pela República, entre as páginas de uma literatura que em plena mata tropical usava colarinho engomado, soou a palavra nova e ardente de Euclides da Cunha. Era a rude e espinhosa vegetação das caatingas e juazeiros irrompendo nas acrópoles intelectuais. Era o retirante espantando as gentis sinhás das plácidas mansões de Machado de Assis. Era a jaqueta de couro do vaqueiro, a brutal realidade de seus dramas, rasgando a túnica inconsútil da Forma que revestia a fuga parnasiana para o Ideal. Era o protesto sertanejo captado por uma alma sensível entrando para a literatura.

Canudos fora o pretexto. Mas com os destroços do arraial a mão do escritor esculpiu um monumento de protesto e revolta, não só do nordestino, mas de todo o imenso interior do Brasil, o seringueiro, o caipira, o jagunço, o gaúcho e o garimpeiro, explorados, lutando contra um meio adverso, jaziam no mais completo abandono.

Encontro do Escritor Com o Tema

O que era Canudos? Um pequeno arraial perdido na geografia calcinada dos sertões, dominado pela figura ascética de Antônio Conselheiro, misto de profeta bíblico e de cangaceiro nordestino, que errava de cidade em cidade com sua pregação, advertência e conselho. Em Canudos agrupava-se uma população de perseguidos e rebeldes, de beatos e bandidos, que ali chegavam de todos os recantos do Nordeste. Instintivamente, essa massa organizara a posse das terras, das pastagens, dos rebanhos e das colheitas.

Era uma sociedade tumultuosa que, de clavinote ao ombro, aguardava o advento de D. Sebastião, o messias. Era um terrível símbolo de miséria e opressão, onde o protesto contra injustiças seculares sublimava-se na visão mística da próxima salvação e nas ladainhas e terços sem fim que impregnavam o céu abrasador.

Três expedições militares foram enviadas contra Canudos. Todas as três foram simplesmente desbaratadas. Diante do jagunço convicto e fanatizado, de nada valeram os fuzis e os canhões modernos. O espetáculo de um punhado de matutos derrotando forças veteranas e bem armadas, a visão dos corpos queimados e degolados de Moreira César e do coronel Tamarindo alvoroçaram a jovem República.

Era uma vasta e bem planejada conspiração monarquista, gritaram os jornais baseados em alguns atos antirrepublicanos de Antônio Conselheiro. O povo se agitou na capital. A República estava ameaçada! E imaginações férteis já viam inúmeros comboios de armas rumo a Canudos, altas patentes e titulares monarquistas travestidos de jagunços dirigindo a revolta e conquistando a capital baiana. Era a nova Vendeia, advertiu Euclides da Cunha. E partiu como correspondente de guerra para o teatro de luta onde a quarta expedição já se encontrava em dificuldades.

Esse Euclides da Cunha era o mesmo cadete introvertido que, em 1888, num assomo de revolta e coragem, quebrara sua espada diante dos olhos assombrados do conselheiro Tomás Coelho, ministro da Guerra. Era o mesmo segundo-tenente que pediu apenas um estágio na Central do Brasil, quando Floriano Peixoto lhe dera liberdade de escolher uma posição de acordo com os seus méritos e passado republicanos. Euclides era um espírito independente, um temperamento difícil, uma inteligência notável e senhora de uma grande cultura, em suma, um homem com a fibra e o preparo necessários para enfrentar um tema como *Os Sertões*.

Já na capital baiana, Euclides da Cunha começou a compreender a verdadeira significação de Canudos. Percebeu que o monarquismo de Canudos era uma ilusão nascida de um republicanismo ignorante dos reais problemas do homem e da terra. A nova Vendeia era um tremendo erro.

Mas, só em Canudos, quando descortinou aquelas "colinas nuas, uniformes, prolongando-se ondeantes, até as serranias distantes, sem uma nesga de mato", quando contemplou os homens "que nascendo, vivendo e morrendo na mesma quadra de terra – perdidos nos arrastadores e mocambos; e cuidando a vida inteira, fielmente, de rebanhos que não lhes pertencem", só depois disso é que Euclides compreendeu o milagre da resistência de Canudos e o crime que se cometia contra o segregado, explorado e fanatizado sertanejo nordestino.

E sob o martelar da artilharia e as cargas a baioneta que calavam os últimos defensores, diante das cabeças degoladas dos jagunços prisioneiros, diante das cinzas do arraial que não se rendeu, Euclides da Cunha concebeu o seu "livro vingador".

Surge um Velho Problema

Os Sertões produziram uma revolução na rua do Ouvidor. Pela primeira vez um escritor enfrentava plenamente a realidade nacional. Esse livro surpreendente esboçava o retrato de um Brasil diferente, de um Brasil que os literatos desconheciam. Os problemas do homem e da terra, vencendo as limitações naturais de um trabalho pioneiro, impunham-se aos olhos assombrados do leitor com a força dramática da nua realidade. O que poderiam objetar os mais ferozes críticos? Nada além de certas reservas sobre o estilo do escritor. Ainda hoje, embora rejeitemos certas concepções etnológicas de Euclides, embora possamos estruturar os fatos num arcabouço mais definido, esse livro permanece como um dos documentos mais expressivos de nossa literatura. O que dizer então de uma época em que o estudo sistemático de nossa realidade à luz da ciência ainda estava em sua infância? Era melhor calar e elogiar. Foi o que fizeram.

Euclides da Cunha amanheceu, de um dia para o outro, autor consagrado. Mas não se contentou com o êxito conquistado. Os artigos elogiosos, a cadeira da Academia, não adormeceram a sua curiosidade e a sua têmpera de lutador. Não satisfeito com a simples apresentação do problema, estudou também a sua solução, propondo, entre outras coisas, um sistema de irrigação que recentemente foi aproveitado. Mas não se deteve aí. Ali estava o Brasil imenso, de fronteiras indefinidas, cujo traçado se fazia necessário. Encarregado pelo barão do Rio Branco, Euclides da Cunha embrenhou-se na mata virgem da Amazônia em busca dos marcos territoriais da nacionalidade.

Entretanto, o geógrafo em missão oficial não entorpece o observador agudo das coisas brasileiras. O rio Amazonas espanta-o. Mas a densa floresta tropical não consegue ocultar ao seu olhar arguto, o drama do retirante nordestino explorado e escravizado nos seringais. Era o inferno verde no auge da febre da borracha.

Euclides da Cunha projetou um novo "livro vingador": seria a história de uma natureza que ainda se arrumava para receber o homem. Seria a narrativa da audácia humana em luta contra um meio "à margem da História".

Mas, além dos problemas nacionais e sul-americanos, Euclides sabia da existência de um "velho problema", era o problema do homem explorado pelo homem, era a apropriação capitalista definida por Marx. Já em São José do Rio Pardo, quando elaborava *Os Sertões*, fundara, com Francisco Escobar, Waldomiro Silveira e outros, um agrupamento socialista. Redigira então um dos primeiros manifestos socialistas no Brasil. Não é de admirar, pois, que, mais tarde, os contornos do "velho problema" social se lhe apresentem com tanta clareza. E pela primeira vez surgira no Brasil um "velho problema".

"MEMÓRIAS DO CÁRCERE", DE GRACILIANO RAMOS

O aparecimento póstumo dessa obra marcou época na vida literária do país. O grande romancista trabalhara longamente em sua feitura e, dadas as qualidades artísticas, humanas e sociais de sua linha criadora, era certo que produziria um documento único na literatura brasileira. De fato, com as *Memórias do Cárcere*[1], Graciliano Ramos legou-nos um livro clássico, o maior que já se escreveu no Brasil, sobre o tema.

Os livros de memórias e autobiográficos sofrem, em geral, de grave unilateralidade. O narrador, escrevendo na primeira pessoa do singular, poucas vezes enxerga além dessa primeira pessoa, deformando assim não só incidentes e personagens, como a sua própria personalidade. O "irritante pronomezinho", mesmo contra a vontade do memorialista, destrói as proporções e engrandece de maneira descabida

1. Da José Olympio Editora.

a figura do herói-escritor. Convertido de um ou de outro modo em elemento central, arma todo um sistema no qual os eventos e os tipos, mesmo os de máxima importância, funcionam como satélites em torno desse sol, visam apenas a ressaltar a relevância de seu papel.

Isso talvez fosse até uma qualidade se a autoanálise e a perspectiva artística conduzissem a obra à esfera puramente literária. Nesse caso, a visão subjetiva e a sensibilidade criadora constituiriam os próprios fatores de transfiguração da bidimensionalidade plana e egocêntrica, onde a única vivência real é a do herói autoconsagrado. O solipsismo inerente transformar-se-ia, então, no mínimo em valor estético e no máximo em experiência geral humana. É o que sucede com boa parte da ficção moderna. Podemos discordar de sua extremada interiorização, desnudar as condições sociológicas que geram essa tendência e, inclusive, condenar suas distorções. Entretanto, devemos confessar que o monólogo interior e a evocação servem de excelentes pretextos para uma visualização do mundo e do ser humano segundo a representação de um *eu* infinito, a consciência despersonalizada do próprio autor, cuja entranhada subjetividade seria a causa e o penhor de sua total objetividade. Em sua concretização literária, tais elementos redundam no quadro e na exegese de uma sociedade, de uma classe, de uma filosofia, de uma situação, de um indivíduo, ou mesmo de tudo isso em conjunto, mas permanecem sempre como documentos únicos, singularizados pelo talento criador e pelo seu valor estético, em prisma positivo ou negativo.

Entretanto, as memórias, autobiografias e obras congêneres pretendem quase sempre o oposto. Com raras exceções, o autor começa cantando loas à sua própria imparcialidade e absoluta falta de presunção no domínio literário e termina, direta ou indiretamente, arvorando-se em juiz discricionário dos caracteres e sucessos. Ora, é exatamente nisso que o livro de Graciliano Ramos foge à regra comum. Dentro do ego, mas pelo sóbrio controle racional, pela indissolúvel ligação afetiva com a humanidade e pela força criadora, eleva-se acima do ego. Supera a sua forma plana, através da constante ampliação de seus limites e do desenvolvimento de uma perspectiva que aos poucos transcende o quadro inicial, invadindo, abarcando e formulando a consciência de outrem, a sua própria atuação e o império das circunstâncias. O escritor o consegue através de uma severa e constante fiscalização de suas impressões, da permanente suspeita no tocante ao seu próprio mecanismo julgador, da síntese entre o vigor descritivo do romancista e o rigor do incorruptível depoente. Tais elementos fundem-se não só no "retrato em quatro volumes de Graciliano Ramos", mas fundamentalmente nas três dimensões de um cárcere que agrilhoa toda uma fase da vida brasileira.

Essa profunda sondagem não surge de chofre. Com sua habitual mestria e com a angulosidade de um estilo, onde o vocábulo não ultrapassa aparentemente o seu significado imediato, o escritor efetua uma descida gradual no abismo. Nesse mergulho, tanto mais doloroso quanto isento de grandiloquência e dos gritos histéricos das quedas heroicas, cada patamar parece uma saída para luz, mas logo se verifica que é apenas um degrau nas trevas.

■ ■

O autor começa internando-se em si mesmo, nas penumbras de um cotidiano sem perspectivas, de uma vida cinzenta de funcionário, entediado com o ramerrão e atormentado por pequenos problemas domésticos. A sua abrupta prisão é quase um alívio, um horizonte que se distancia em linha de fuga... O seu ponto terminal é uma incógnita. Mas, não importa. No momento representa uma viagem, "uma dádiva imprevista", uma escapatória do gabinete de burocrata.

Esse início deveria conduzir a obra a um eterno lusco-fusco subjetivo, decompondo os seres e as conjunturas em meras sensações, destruindo toda a sua substância, a fim de melhor utilizá-los como escadas da evasão. Mas desde logo surpreendemo-nos: os dados sensoriais não se fragmentam na análise interior, não se desfazem naquela poeira crepuscular filtrando-se através do vitral do eu. Ao contrário, à medida que avançamos na leitura, as impressões descritas aglutinam-se, adquirem formas precisas e linhas nítidas, moldam-se em personagens definidas e caracterizadas, estruturam-se em situações e posições insofismáveis. Sentimos uma luz vigorosa de Nordeste, eliminando todo cromatismo impressionista, incidindo diretamente na realidade, desnudando os seus aspectos mais contundentes, enfrentando-os ativamente, julgando-os sem temor, penetrando no seu imo, a fim de desvendar o seu conteúdo.

Assim, a singular viagem estende-se a território humanos cada vez mais amplos. À medida que o prisioneiro se abisma no seu cárcere material e espiritual, as suas memórias, a princípio um pequeno mar interior refluindo sobre si próprio, agitam-se, espraiam-se, adquirem a largura e a turbulência dos oceanos. Em suas ondas flutua uma crescente variedade de tipos e fatos, numa sucessão aparentemente caleidoscópica, desconexa e contraditória. Mas, aos poucos, através de repetidas sínteses de linhas dissimuladas, esboça-se em nossa mente uma gigantesca figura humana, de punhos acorrentados, com a amargura e a revolta impressas nos olhos. É a condição humana espezinhada em sua dignidade e em seus mais sagrados direitos.

Essa magistral forma de superação do subjetivo através de seu alargamento, da resolução de seus valores numa etapa imediatamente superior, ou melhor, inferior, pois o processo é de queda e descenso na sombria fossa da tirania e do fascismo, é, sem dúvida, um dos mais originais da literatura brasileira. Poucos escritores, partindo de análises tão impregnadas de valores pessoais, tão marcadas por uma individualidade ímpar e incapaz de se desprender de si própria, conseguiram sínteses tão autênticas, de uma realidade social e, principalmente, de todo um aspecto da vida coletiva em determinada fase. Graciliano Ramos foi, incontestavelmente, um mestre da observação e, ainda mais, de sua recriação num quadro que, por sua amplitude, por sua rigorosa composição e seleção crítica dos elementos, transcende o mundo interior do narrador, a fim de se converter em tela panorâmica e objetiva do mundo exterior e dos fenômenos.

Daí por que, no curso dos quatro volumes das *Memórias do Cárcere*, nos deparamos a cada passo com um extraordinário jogo de contradições que se transmutam progressivamente num todo orgânico. Esse singular desenvolvimento abrange os diferentes aspectos da obra (individuais, humanos, sociais e políticos), e começa pela própria forma literária, onde se alternam os momentos de ficção e depoimento numa unidade estilística que espanta. Os recursos da primeira completam as informações da segunda, esculpindo personagens, arrancando às superfícies planas o relevo e a profundidade dos ambientes.

No primeiro e terceiro volumes, por exemplo, a descrição do porão do navio e da ilha correcional acham-se, sem dúvida, carregadas de elementos de ficção. Entretanto, que notável veracidade! Os meios artísticos empregados, não só não falseiam tais atmosferas, como nos comunicam diretamente uma viva impressão de suas cores mais autênticas, de suas notas mais vibrantes, de suas personalidades mais incisivas. Contra esse fundo, as personagens (e nesse caso trata-se de seres reais, cuja apresentação não permite maior liberdade artística em relação a seus traços físicos e psíquicos) não mais parecem símbolos indecifráveis, anotações evocativas do autor, mas surgem de corpo inteiro, exibindo as almas na crua nudez de uma palavra, de um gesto, de um olhar.

Por outro lado, no segundo e quarto volumes predomina o depoimento. As páginas desses tomos desdobram-se num longo cortejo de incidentes e personagens. Contudo, o seu valor não é apenas episódico e anedótico. Integram organicamente um conjunto, ordenado não só pelo espaço do cárcere e pelo tempo de sua ocorrência, mas também por certas linhas de força e motivação, salientadas nos processos de recriação literária. Esta, como um lápis que sombreia certos traços e acentua determinados planos, ressalta a orientação fundamental dos acontecimentos, as feições marcantes dos indivíduos e o sentido de seus atos. Mas, uma vez situado nessa esfera, o depoimento perde o seu caráter de mera exposição de fatos e impressões, transformando-se em compreensão e crítica, ou seja, numa etapa superior do conhecimento da realidade.

Entretanto, não se verificam imposições artificiais e arbitrárias do autor. Embora a sua personalidade centralize e, portanto, influa na organização *a posteriori* dos elementos, estes obedecem a um único imperativo: o de um relato fiel dos anos de prisão. Tal fidelidade pressupõe, sem dúvida, a apresentação objetiva dos fatos, a tentativa de abarcá-los em seus múltiplos aspectos e na devida época, bem como a máxima imparcialidade possível. O julgamento surge das condições e não do condicionamento da realidade.

Ora, a completa objetividade da mente individual é irrealizável, pois tudo quanto passa por seu filtro se impregna de seus valores. Assim, para respeitar essa fidelidade, a fim de não a viciar em sua origem, só resta um recurso: considerar devidamente os fatores subjetivos, detalhar as reações pessoais e sublinhar as tendências do temperamento do autor. Essa maneira de proceder assegura não só a sinceridade do relato, mas também os limites das eventuais distorções inconscientes na apresentação dos fatos, o que constitui, num trabalho individual, o máximo de exatidão possível e o máximo esforço no sentido de evitar a unilateralidade.

E, de fato, se observamos com atenção as *Memórias do Cárcere*, verificamos que uma das principais preocupações de Graciliano Ramos é a de libertar o seu depoimento de todo e qualquer personalismo ou crítica viciosa e preconcebida. Entretanto, consciente da poderosa ação catalisadora de sua personalidade, de sua incapacidade de fugir a uma visão peculiar do mundo e dos homens, das determinações de uma sensibilidade e emotividade avassaladoras, não se desperdiçou em inúteis tentativas de se desfazer de si mesmo. Preferiu o caminho inverso, o da franca exposição de sua própria individualidade, sem dúvida o único que o conduziria ao fim desejado. A demarcação de suas fronteiras permitiu situá-la dentro dos acontecimentos, circunscrever as deformações subjetivas dos conceitos emitidos e construir uma sólida base para alcançar a procurada objetividade.

E Graciliano Ramos a alcança. O documento que nos deixou não é um mero retrato das vicissitudes de um preso político e das impressões sobre os seus companheiros de cadeia, mas a história de uma época, vista em seu subsolo humano, social e político. Ali, a prepotência e a miséria de uma sociedade, a fraqueza, a sordidez e a degradação do homem, os seus conflitos e os seus ódios, delineiam-se em linhas pungentes. Recuamos enojados ante o atroz espetáculo das torturas físicas e mentais, das delações e suspeitas, dos instintos à solta e das taras no pasto. É um sombrio e sufocante mundo de opressões e aviltamentos.

Mas pasmem-se! O crítico impiedoso, o grande pessimista, crê no homem. Chocado com as suas próprias revelações, procura e desvenda com mãos trêmulas o ser humano na sua capacidade de sacrifício e na sua solidariedade desinteressada, na sua resistência ante as forças que o degradam e na sua luta por um mundo melhor. É quase com orgulho que Graciliano nos mostra o Capitão Lobo, o negro que lhe oferece água, várias figuras de prisioneiros, as esposas dos encarcerados e o próprio Paulo Turco. São momentos de mal dissimulada confiança no homem e na sua redenção. São inesquecíveis flagrantes de *Memórias* que se gravaram na memória de seus leitores e da literatura brasileira.

TRÊS ROMANCES
QUE VENCEM O TEMPO

A reedição do volume em que a José Olympio Editora reuniu três romances de Rachel de Queiroz (*O Quinze*, *João Miguel* e *Caminho de Pedra*) reavivou o exame crítico da obra dessa escritora e foi com justiça que se assinalou a sua excepcional significação no panorama da literatura brasileira.

Com efeito, dentre a corrente que, a partir dos últimos anos da década de 1920, retomou e desenvolveu a "revolução modernista" de 1922, salientou-se sobretudo o grupo nordestino que acentuou fortemente o cunho social e nacional dessa renovação estética. Na plêiade de autores que começaram a aparecer em fecunda e extraordinária sucessão e que se cristalizou sobretudo na ficção, figura o nome de Rachel de Queiroz. Trata-se, aliás, de uma pioneira da revalorização do tema do Nordeste (em cujo redor gravitam os melhores valores da nova tendência, que busca no regional o social-universal) e *O Quinze*, publicado em 1930, portanto dois anos após a *Bagaceira* de José Américo, pertence aos marcos dessa manifestação literária.

O seu surgimento assinalou, desde o início, a existência de uma das mais vigorosas vozes femininas de nosso romance, e hoje, cerca de três décadas depois de sua publicação, essa obra ainda resiste na plenitude de sua força artística, de seu interesse humano e de sua mensagem denunciadora, encontrando termo de comparação apenas entre o que de melhor produziu o grupo nordestino e a corrente social de nossas letras. Não que seja um livro perfeito. Mas o calor e a sinceridade de seu protesto, a autenticidade e a coragem de seu depoimento e a profunda realidade dos problemas colocados superam largamente os defeitos de construção, as soluções menos felizes ou mais juvenis.

Na verdade, só um destes raros momentos em que a realidade e a autoconsciência de uma época irrompem, pelo poder demiúrgico da sensibilidade e do talento, no mundo das letras e das obras de arte, só uma vivência longamente aninhada no coração do artista, uma dessas experiências que marcam a personalidade com a sua onipresença, só uma compreensão que nasce do convívio íntimo com o seu objeto e uma solidariedade que brota de uma apaixonada integração do espectador no espetáculo, poderiam sintetizar, num romance de estreia, um quadro tão expressivo da seca e dos retirantes, como é o roteiro trágico de Chico Bento e a sua família. E a ferrugem do tempo nada pôde contra a dramaticidade das cenas, como a morte de Josias ou o desaparecimento de Pedro, em que, sem qualquer melodrama, soam as notas mais altas da denúncia, ou contra a enxuta exaltação do sertanejo, com a sua generosidade "que vem do sangue", com a sua fidelidade aos laços estabelecidos e o seu apego àquela terra calcinada que nem sequer lhe pertence. Os movimentos ágeis e seguros de um estilo que fala a linguagem regional sem preciosismos bairristas ou popularescos compõem-nos quadros de uma essencialidade pictórica portinaresca e conduz-nos com todo o impacto de sua qualidade impressiva, através da *via crucis* sertaneja.

Em *O Quinze* a vida individual da obra literária subsiste no principal e mesmo na trama amorosa entre Conceição e Vicente. Há quem julgue esse o aspecto mais perecível do livro.

Entretanto, ele assume um significado especial se o encararmos do ponto de vista da época. Então, a mulher brasileira começa a emancipar-se das peias de uma sociedade patriarcal, começa a encontrar no mundo outros ângulos de interesse, além do matrimônio. Rachel de Queiroz registrou corajosamente esse fenômeno (em termos romanescos) através da professora que vacila entre os sentimentos que nutre por Vicente – o sertanejo forte que representa, positiva e negativamente, os valores contra os quais Conceição se rebela – e as "suas ideias, suas reformas e seu apostolado". Parecerá talvez que, cedendo ao impulso para o autossacrifício, violenta a si própria de modo artificial e renuncia romanticamente a uma condição natural em favor da ação social. Hoje é provável que o problema não se apresente exatamente como um dilema. Mas quando a romancista o levou para a ficção, ele se colocava assim para muitas mulheres intelectualmente avançadas e, de fato, foram inúmeras as que efetuaram uma opção dessa ordem. Sem entrar em outras considerações, uma simples referência ao quadro temporal devolverá, a nosso ver, ao leitor da atualidade toda a seiva que anima essa figura de professora primária, essa "normalista", a tão decantada e caluniada normalista a quem a sociedade e particularmente a mulher, em nosso País, tanto devem. O seu conflito entre o coração e a razão, entre o seu ideal de vida e a realidade de seu meio, é o próprio símbolo da dura batalha que algumas criaturas de espírito superior travaram para dignificar o *status* feminino.

Se em *O Quinze* predomina, apesar da particularização de personagens como Conceição e Vicente, a visão de conjunto focalizada sob o prisma da seca que, por sua própria natureza, desnuda a essência de certas feições, relações e problemas do Nordeste, em *João Miguel* a autora aproxima a sua lente e observa a partir de um ângulo interno. A tela ocupa uma área menor, a sua composição não ultrapassa os limites de uma pequena cidade e a luz incidente destaca em primeiro plano o homem nordestino. Um crime cometido num momento de embriaguez, uma reação impulsiva, um ato gratuito no fim de contas, possibilita o exame desse ser e sobretudo do seu modo de ser. Na prisão, entregue a si mesmo, nas suas reflexões sobre o crime, no caso dos outros detentos, nas figuras de Santa, Salu, Seu Doca, Angélica etc., temos outras tantas incisões no material típico da região, a fim de chegar às forças motoras dessa personalidade, às constantes de seu comportamento. Assim, desenrola-se magistralmente o espetáculo de seus desesperos e sua fé, de seus arrebatamentos e de sua passividade, o primitivismo de certos padrões dominantes e uma nascente consciência de sua situação.

Realizada com a mesma espontaneidade que *O Quinze*, porém com maior domínio da forma e com um estilo mais definido, essa narrativa flui límpida nas imagens, viva na dialogação (Rachel de Queiroz mostra admirável mestria) e profunda na sugestão. Agrupa sem nenhum esforço os elementos de segundo e terceiro planos, cada um perfeitamente caracterizado, com a sua existência específica, o seu temperamento e o seu problema, ao mesmo tempo que exercendo a sua função, simples, mas necessária, na pintura dessa alma singela e boa, absurdamente criminosa e inocente, que é *João Miguel*.

As duas primeiras obras decorrem na linha regional e a sua ação localiza-se entre o campo e a cidadezinha, com a sua paisagem humana tipificada. Já em *Caminho de Pedra* o cenário é todo urbano e o tema ultrapassa inteiramente o regionalismo, o que nos dá uma medida do fôlego artístico de Rachel de Queiroz. Abordando de novo um campo quase inexplorado – ao menos na época –, analisa a mecânica humana de um grupo de militantes de esquerda. Além de uma crítica, às vezes caricatural, do obreirismo e do intelectualismo que dilaceram as relações entre os seus membros, ilhando-os em áreas de incompreensão completa, a romancista capta em flagrantes marcantes o efeito da ação e do convívio partidários no comportamento de certos indivíduos, nos seus valores morais e nos seus ideais políticos. Se no balanço final de *Caminho de Pedra* o saldo não é dos maiores, resta sempre a sentida e realizada figura de Noêmia – em que Rachel de Queiroz demonstra a sua notável penetração na psicologia feminina e o seu conhecimento do ambiente em que vive a heroína do romance – que por si só justificaria uma obra de ficção, pois traz o selo de um talento de primeira água.

O CONTISTA DE "TERNO DE REIS"

Ricardo Ramos, que estreou com *Tempo de Espera*, publicou uma segunda coletânea que se apresenta sob o título de *Terno de Reis*. Nesse livro encontra plena confirmação o que já delineava com nitidez: o seu autor é uma das forças novas e autênticas do conto brasileiro.

Pertencendo à geração que surgiu nos últimos anos em nossas letras e que vem se salientando por uma especial preferência pelo relato curto, modalidade que, segundo Saldanha Coelho, "é a principal característica do neomodernismo" brasileiro, Ricardo Ramos segue, no entanto, um caminho bastante independente.

Não que a sua arte esteja ou pretenda estar alheia às tendências que dominam a nossa vida literária. Ao contrário, ela traz marcas visíveis das preocupações do autor com a problemática das correntes ora em confronto. Mas o contista de *Terno de Reis* não é um escolástico, nem tampouco cede aos entusiasmos fáceis. Assim, sem se recusar às buscas vanguardistas no campo da técnica do relato, da captação das realidades humanas e da sismografia artística, não deseja abandonar pura e simplesmente, à beira da estrada, os elementos tradicionais do conto, tanto mais quanto sente o chamado do realismo ao qual se filia, sobretudo pela visão e militância social. De outro lado, reconhece que os padrões imperantes nessa tendência são bastante insatisfatórios, especialmente quando se trata de discernir a alma humana, em meio à mecânica social.

Nasce daí uma tentativa de neorrealismo que, atendendo à objetividade de certas situações e diferenciações do ser em sociedade, respeite também a complexidade de seu mundo interior e a individualidade de seu comportamento. É uma experiência que não troca a unidade formal pela vivência fragmentária e multivariada, nem o esmiuçamento psicológico ou ainda a força sugestiva dos hiatos e dos símbolos pelo grafismo da continuidade narrativa e do momento particular, típico, expresso e acabado. Mas, ao contrário, procura integrar tudo isso em um quadro amplo em sua perspectiva, porém sólido em sua base, lançando-se das raízes da vida coletiva para as nervuras da sensação e percepção.

O objetivo não é fácil, e Ricardo Ramos bem o sabe. Mas, dotado de senso de equilíbrio e espírito crítico, consciente de que se trata talvez da única saída para os que desejam uma literatura participante e comunicativa sem condená-la à esterilidade das fórmulas e dos estereótipos partidários, e para os que, inversamente, não querem esquecer o homem a pretexto de encontrá-lo dentro de si mesmo ou dentro das dimensões de um esteticismo incapaz de transmitir outras essências que não a de seu formalismo, o jovem contista não se atemoriza com o perigo da solidão, com a quase certeza da incompreensão dos dogmáticos de ambos os lados. É verdade que esse isolamento não poderia concretizar-se totalmente, pois, em estradas paralelas, outros escritores perseguem o mesmo alvo e, mais dia menos dia, eles hão de se enxergar e unir.

"CHÃO DE INFÂNCIA": PAULO DANTAS

Com *Chão de Infância*, Paulo Dantas inicia uma nova etapa em seu desenvolvimento literário, penetrando na imensa e trágica região do Nordeste, o chão de sua meninice. E desse solo, extrai todo o lirismo de uma viagem sentimental e dolorosa, onde a evolução da "infância perdida" não se satisfaz apenas com a poesia da recordação e da saudade, mas desenha com traços carinhosos, porém firmes, o retrato da decadência de uma família, que é, em última análise, todo um quadro social.

Nessa terra sempre castigada, mas sempre pronta a retomar a sua fertilidade, medra a figura de Daniel: a encarnação da queda, mas também o prenúncio da ressurreição; o irmão que se apega às ruínas da casa, mas que cultiva persistentemente, inabalavelmente, a sua horta e as suas canas. À sombra de Daniel, arrastam-se os membros remanescentes da família, vivendo a sua miséria cotidiana, dobrando-se sob o peso de um presente sem perspectivas. Daniel está acima do tempo e das coisas, pois é o próprio símbolo do tempo e do estado de coisas; Daniel não geme, pois seu sofrimento é cósmico, é coletivo. Cida e Porfírio são de outro estofo; são tristes e ressecados escombros da derrocada: a sua dor nasce da carne da realidade, do pão de cada dia; neles, não há transfiguração, pois não podem superar a si próprios, ao naufrágio a que assistiram e do qual são meros restos, submergindo, cada vez mais, no mar das lembranças que não conseguem transferir, sublimar ou converter em ponto de partida para novas forças e uma nova existência. Esse papel cabe ao quarto irmão, ao narrador, cuja voz é a da consciência da revolta que, apenas sugerida, começa a ganhar altitude e noção de si mesma.

Chão de Infância constitui um novo aspecto de Paulo Dantas, não só do ponto de vista do tema como também do estilo. Sem forçar a si mesmo, o autor abandona a sondagem introspectiva e inicia uma fecunda incursão pelo domínio do social. Constrói, é verdade, uma parábola, mas ela nada tem a ver com as condensações puramente metafóricas, sem nenhuma pretensão, sem nenhum outro sentido. A parábola que Dantas nos conta é social, reflete e consubstancia um problema e uma situação. E, ao apresentá-la, Dantas revelou-se um vigoroso pintor de tipos, um narrador capaz de dominar grupos amplos, de caracterizá-los, de traduzir em reivindicação e obra de arte os seus problemas e seus anseios.

Não podíamos encerrar esta crônica sem uma referência à capa e às ilustrações de *Chão de Infância*. Berco Udler soube captar os valores poéticos e humanos da obra, numa série de gravuras que iluminam o texto. Particularmente significativa é a capa, que sugere perfeitamente a figura profética e apocalíptica de Daniel. Os trabalhos de Berco Udler para esse livro, embora despretensiosos, são – podemos dizer – uma excelente expressão plástica do espírito de *Chão de Infância*.

PARA ALÉM DE AQUELAS MURALHAS CINZENTAS...

O Nordeste, um Tema Inesgotado

O Nordeste é um braseiro ardendo na consciência nacional. O seu sofrimento e o seu protesto marcam profundamente a moderna literatura brasileira, condicionando a obra de alguns dos mais lídimos expoentes dessa etapa em que os nossos escritores, após as revoluções políticas e culturais que alteraram a fisionomia do mundo e derrubaram velhas concepções e cânones, despertaram para a realidade de seu país e procuraram integrar sua contribuição no processo de autoconsciência nacional. Evidentemente, nessa fase em que se abandonam o verbalismo dos salões e as facilidades das capitais, quando se deseja estabelecer a literatura no chão de vastas áreas geográficas e humanas relegadas ao esquecimento e transformá-la em expressão, se não em brado, dos problemas e das condições, uma região tão típica como o Nordeste, lastrada com um quadro de berrantes contradições e desníveis, com uma complexa estrutura onde se chocam, inconciliáveis e inconclusos, processo e padrões que se acumulam há quatro séculos, deveria constituir-se naturalmente em tema.

Assim, seu solo calcinado fixou, por exemplo, a prosa áspera e incisiva de Graciliano Ramos, cujas *Vidas Secas* formam não só o ponto alto de um ciclo que ostenta os nomes de Jorge Amado, José Lins do Rego, Amando Fontes, Jorge de Lima, José Américo, Rachel de Queiroz e outros, mas também do tema nordestino considerado em seu conjunto, isto é, despido de suas variantes locais e reduzido à sua essência artística e social.

Entretanto, devemos reconhecê-lo, essa obra-prima de análise social e psicológica, esse grito de revolta contra uma ordem de coisas que completa impiedosamente a ação cataclísmica da natureza e resseca no ser humano a própria condição de homem, por mais amplo que seja o seu âmbito, por mais realizada que esteja do ponto de vista estético, por mais justo que seja o seu enquadramento dos fatores objetivos e subjetivos, representa um ponto de partida e nunca o de chegada. Por seu intermédio e das demais criações desse ciclo, o Nordeste, como tema literário, adquiriu forma estética palpável, concreta, expôs seus lineamentos, mas não se esgotou, mesmo porque seria impossível que isso acontecesse num único momento histórico e na perspectiva de uma só fase, apesar das diferenças de temperamento, estilo e tendência de seus vários representantes. Assim, ainda que o próprio desenvolvimento não criasse novas motivações (por exemplo, o impacto de Paulo Afonso no panorama social da região, o pronunciamento dos traços cosmopolitas e universais do Recife – é o caso de Osman Lins – ao lado da vasta área de um vivíssimo localismo sertanejo etc.), restaria a necessidade do aprofundamento e captação de aspectos importantes à fisionomia e interpretação literárias do Nordeste.

Por isso não cremos que se possa falar em exaustão do tema, embora alguns críticos o considerem definitivamente ultrapassado. Mas, enquanto não se verificar uma transformação radical na estrutura do Nordeste, enquanto o seu drama persistir como um espetáculo periódico de seca, retirantes, paus-de-arara etc., eletrizado, além disso, por uma tremenda carga de um passado econômico, político e psicológico que avulta na derrocada de suas formas de vida e de um presente que acresce novas contradições à sociedade em que atua sem haver resolvido as velhas, enquanto tudo isso subsistir não acreditamos que esteja ressecado o humo nutridor de uma literatura específica da região. E, de fato, sem falarmos nas perspectivas do romance de fundo urbano, social ou psicológico, os próprios temas típicos apresentam ricos filões – o cangaceiro, o beato, o místico etc., até agora quase inexplorados. As poucas tentativas feitas: *Calunga* de Jorge de Lima (romance escrito há duas décadas e que é, em alguns aspectos ora analisados, uma obra precursora), os *Cangaceiros* e *Pedra Bonita* de José Lins do Rego, a *Assunção de Salviano* de Antônio Callado e *Chão de Infância* e *Purgatório* de Paulo Dantas indicam realmente novas possibilidades para o romance nordestino e um desenvolvimento da etapa anterior, já que por enquanto não ousaríamos falar em renovação.

Nesse sentido, parece-nos particularmente interessante a contribuição de Paulo Dantas, por se tratar de um escritor jovem, cujos livros até bem pouco seguiam, na sua temática e na sua atitude perante o mundo, o caminho do que chamaríamos a geração de 1945, mas que de repente redescobriu o seu chão natal, dedicando-lhe uma trilogia que já se encontra em seu segundo volume e que constitui um retorno à região, mas por um roteiro e com uma visão inteiramente novos.

Em Busca de Chão

A evolução literária que conduziu Paulo Dantas de *Aquelas Muralhas Cinzentas* até o *Purgatório* é, antes de mais nada, a história de um jovem talento que, desgarrado de seu chão, lançado na solidão urbana, no desespero da fome e no delírio da tuberculose, descobre não só o mundo dos párias da sorte, dos enfermos e humilhados, dos injustiçados e oprimidos, mas também o seu próprio insulamento numa sociedade que o aceita para rejeitá-lo e, ao mesmo tempo, a sua incapacidade de identificar-se com qualquer categoria, apesar de desejá-lo ardentemente. Assim, instado por uma crescente sensação de não pertinência, por uma consciência cada vez maior de sua condição e das cadeias que prendem o homem, mas incapaz de transformá-la em revolta ativa, em grito de convocação, pois não mais possui uma raiz que vitalize o protesto reivindicador, reflui cada vez mais sobre si próprio, na busca de um apoio, de um fator de continuidade, até que atinge, no fundo de seu ser, a distante região biográfica onde todas as incertezas, angústias e fugas do presente se convertem na certeza inquestionável de um passado, inquestionável porque é passado, na transfiguração idealizada, onírica, dos anos de infância, na firme terra subjetiva da lembrança.

Até aí nada de novo, apesar das peculiaridades pessoais. Trata-se de um caminho batido que corresponde perfeitamente a certos aspectos da vida numa época de transição, quando o indivíduo desintegrado de uma sociedade atomizada encontra em si mesmo os únicos valores que lhe parecem dignos de confiança. Daí, inclusive, o psicologismo, a introspecção, o subjetivismo exaustivo, acompanhado por vezes de um formalismo estético, que caracterizam a literatura contemporânea em muitas de suas manifestações. E mesmo no Brasil, a chamada geração de 1945, cujas origens teremos de procurar talvez, e novamente, em Graciliano Ramos, no dualismo de sua obra, onde *Vidas Secas* e *S. Bernardo* figuram ao lado de *Angústia* e *Insônia*, encontrou um denominador comum nesse internamento, nem sempre sincero e feliz, nas "regiões profundas" onde "tudo é lei", segundo a sentença de Rainer Maria Rilke que constitui a epígrafe de *Cidade Enferma*. Mas com Paulo Dantas sucedeu que, ao se achar no imo dessa esfera de autoanálise, o mesmo impulso que o levara para lá, o desajustamento exacerbado pela sensibilidade quase neurótica, acionou o mecanismo de retorno para o mundo exterior. Ao invés de ficar remoendo a sua inadaptação, fundiu-a com a marginalidade de uma região, o Nordeste. Assim, através desse salto singular – impulsionado talvez por um sensualismo que encontrou na terra o humo renovador e na figura de Daniel o seu fruto aberrante, mas significativo, talvez pelo choque do reencontro com a paisagem perdida, talvez pela ansiedade de sua busca de chão – o escritor em questão tomou pé num solo que lhe faltava. A princípio hesita, é claro. Não sabe se se trata apenas de um *eu* recuado na distância lírica (*Chão de Infância*) ou se de fato tateia, ainda confuso, com muita literatura, os contornos de algo concreto e objetivo – a sua cidade, a sua gente, a sua região. Mas logo, nesse mesmo livro, apercebe-se que não lida com fiapos de recordações, com transferências alucinadas feitas na solidão, mas com uma realidade machucada, estigmatizada, sofredora e angustiada, mas uma realidade e não um simples fantasma da memória. É a sua terra, a sua família.

Na Senda do Purgatório

O reencontro do escritor com a terra deu à sua literatura, como já dissemos, o chão pelo qual sempre ansiara em seu desvinculamento urbano. Entretanto, e aí aparece uma importante diferença em relação ao grupo nordestino da geração anterior, trata-se de um romancista que regressa à região e não de um que parte dela. Esta surge-lhe, em primeiro lugar, como um espetáculo ao qual ele, autor, se liga por alguns traços, mas com a qual não forma unidade orgânica. Em certo sentido é apenas um espectador: vibrátil, sensível, sequioso, mas subjetivamente desintegrado e reduzido à posição de mero espectador. Contudo, a essa passividade contemplativa, ao êxtase visual da redescoberta, logo sucede o processo de reconhecimento da realidade, por cujo intermédio não só efetua o levantamento desse novo espaço visual e espiritual, mas também estabelece contato com os elementos mais afins à sua personalidade, o que lhe possibilita, na atividade criadora, o trabalho de identificação artística. Em Paulo Dantas, esse é um fator valioso para a compreensão dos caminhos de seu retorno à terra. Pois, se o primeiro processo revela-lhe um cenário de derrocada e miséria, de abandono e atraso, de ignorância e resignação, só o segundo lhe permite integrar-se – ao contrário dos que, pelo crescimento orgânico, tinham suas raízes firmes naquele solo – nestas realidades sociais onde lateja o verdadeiro Nordeste, fundir as suas angústias de marginal da grande cidade com a decadência de sua família sertaneja e com o simbolismo dostoievskiano que tal fato adquire em alguns de seus tipos mais marcantes, convertendo a visão estrangeira de um citadino, não em turismo literário como sói acontecer, mas na autêntica e sentida participação no sofrimento de alguns indivíduos que representam, ou começam a representar, todo um grupo humano e quiçá uma sociedade.

A singularidade dessa trajetória determina, a nosso ver, boa parte das qualidades e defeitos de o *Purgatório*. Pois, partindo principalmente da identificação e da experiência interior como forma de penetração no mundo nordestino de que se encontra separado por toda uma evolução pessoal e intelectual, entrega-se aos elementos de seu tema que lhe falam mais diretamente e faz da vivência o motor de sua obra. Busca por toda a parte o *delírio*, o impacto emocional capaz de lhe proporcionar sinteticamente, sem maior esforço racional e crítico, o conhecimento das almas e do meio-ambiente e de assegurar, assim, a autenticidade de seu regresso, ou seja, de sua criação (pois, em última análise, para o escritor não há regresso). Assim, só o sentido e o vivido têm direito à expressão. Isso explica a sua atitude em face das condições que cercam suas personagens. Contenta-se em sugeri-las ou esboçá-las quando estas se lhe impõem, mas sem qualquer aprofundamento, sem um esforço mais prolongado no sentido de estabelecer suas causas e relações, em suma, seus enquadramentos funcionais. Tal fato não só impede a reconstrução romanesca mais apurada, abrindo muitos claros na estrutura da obra, como também elimina, desde logo, o protesto e a reivindicação, a não ser por contragolpe subjetivo do próprio leitor. Por outro lado, permite-lhe chegar imediatamente aos estados em que a alma atinge o ápice de intensidade e, numa espécie de ascese literária, fixá-los na inteireza obsessiva e mística de penitentes, de loucos e torturados que vivem neste mundo o inferno do além, que expiam uma falta coletiva: o pecado da carne.

O sentimento dominante em *Purgatório* é o de culpa. É um drama de perdição e resgate, onde uma sociedade em decomposição exibe suas pústulas e chafurda na lama da irracionalidade, mas ao mesmo tempo procura o caminho da redenção, disposta a pagar, no seu desespero e na sua agonia, o preço da renovação, mesmo que seja o da absoluta alienação. Daí por que só os culpados com consciência de culpa subsistem como personagens inteiramente realizadas. Os demais debilitam-se e volatilizam-se qual fantasmas abandonados pela emotividade do autor. É o caso de Rosto Bonito, de Jeremias, de Jovem e Conceição, dos irmãos de Daniel e do próprio Daniel enquanto não atinge a sua predestinação. Em alguns, é preciso dizer, há um esforço de sustentação, pois são peças necessárias ao desenrolar da história. Mas quão esquálidas se apresentam ante as figuras poderosas, marcadas pelo fogo bíblico do castigo, de um Resmungo, de uma Sensitiva (a testemunha causticante do pecado), de um Teosóforo, de um Belmiro Evangelista, de um Hortalino (a anunciação de Daniel). Neles, gigantes do sofrimento e da penitência, Dantas infunde toda a sua potência criadora e, com o alento abrasador destas criaturas, consegue – apesar do desequilíbrio apontado – vivificar uma obra apaixonante, onde pulsa um profundo amor pelo Nordeste.

Como vemos, a sinceridade e a pureza do romancista cimentam a sua criação, aparam as suas faltas estilísticas e arquitetônicas e, o que é mais importante, arrastam-no para fora de sua dimensão individual, levando-o, talvez a despeito dele próprio, para a esfera do coletivo. *Purgatório* transforma-se, assim, não apenas na purgação noturna de um eu narrador e no relato expiatório de uma decadência, mas no documento autêntico e humano de uma região em que medram tipos e dramas dessa ordem.

"O CAPITÃO JAGUNÇO"

O leitor de *Cidade Enferma*, e mesmo de *Purgatório*, duas obras bastante características da produção de Paulo Dantas, surpreender-se-á por certo com *O Capitão Jagunço*, livro há pouco publicado pela Editora Brasiliense. Esse relato romanceado, e trata-se mais de um relato do que de um romance, representa uma inovação do autor e, sob alguns aspectos, a renovação, ou pelo menos a retomada de um tema que muitos consideravam esgotado por Euclides da Cunha: o drama de Canudos.

Pela boca de um dos últimos sobreviventes da luta, o Capitão Jagunço, amigo de Antônio Conselheiro e depois guia das expedições governamentais, que narra os acontecimentos a um caixeiro-viajante, seu companheiro numa trilha de Canudos, Paulo Dantas faz soar, com fluência popular, plena de torneios regionais, do sabor e ritmo nordestinos "no exato da história" um verdadeiro ABC, uma epopeia sertaneja no mais legítimo sentido. A tradição oral, a do aedo de feira, dá o tom e, por isso mesmo, a efabulação desenvolve-se mais no passado histórico do que no presente romanesco. Este surge apenas na dialogação entre contador e ouvinte, nas reflexões de ambos, ou como ilustração episódica, constituindo de fato um interlúdio, uma pausa no desenrolar do fio oral, do relato propriamente dito, em cujo plano se encerra quase todo *O Capitão Jagunço*.

Dissemos quase todo, porque há uma exceção assaz ponderável, o próprio Capitão. Este, narrando, narra-se, e o faz pelo prisma interno, completando as linhas de seu retrato que nos oferece ou sugere o seu companheiro de jornada. Assim, surge como a grande personagem da narrativa: a figura humana que vive, na tragédia coletiva, um drama de culpa pessoal; a transfiguração social que encarna, no conflito íntimo, o destino coletivo.

Sem dúvida, essa dupla função nem sempre se expressa harmoniosamente. Há momentos em que se delineia uma contradição entre o Capitão, sertanejo essencialmente simples, que mesmo alfabetizado, experiente, categorizado e conhecedor da capital, não poderia ultrapassar certo grau de compreensão histórica e sociológica, e a Voz, representação impessoal da consciência brasileira a julgar, qual um super-Euclides da Cunha com a perspectiva e os estudos de cinquenta anos, isso que foi chamado o "crime contra a nacionalidade". Mas, por outro lado, a própria bipartição desse jagunço simbólico em acusado e acusador, em herói e traidor coletivo, carrega-o de vivência e paixão que singularizam sua figura, devolvem-lhe, pelo *seu* crime e castigo individual, a sua fisionomia particular, o seu rosto de personagem. É em seus ombros que a obra se sustenta e é a sua autenticidade que prende o leitor, arrastando-o nas águas bravias, como as cheias do Vaza-Barris, de uma história em que grita com novo vigor um velho protesto.

OS CAMINHANTES DE SANTA LUZIA

> *A paisagem que bem conheço*
> *por tê-la vestido por dentro.*
>
> J.C. DE MELO NETO, *Velhos Caminhos*

Em nossas letras, o Nordeste é território dos mais relevantes. Área de pronunciada individualidade, traduziu-a em forte propensão regionalista que, assomando durante o romantismo, com Franklin Távora, acentuou-se com *Luzia-Homem* e irrompeu inteiramente no ciclo nordestino da ficção pós--modernista. Essa floração excepcional desenvolveu-se, sem dúvida, na picada aberta pela revolução estética de 1922 e, sob vários aspectos, transcendeu bastante o regionalismo estrito. Complexo de tendências e temperamentos, nela ressoam múltiplos ecos, desde as vozes obscuras da terra e da ancestralidade, até o clamor da reivindicação social ou as torturadas confissões do Eu. Ainda assim, entre José Lins do Rego, Rachel de Queiroz, Amando Fontes, Jorge Amado e

Graciliano Ramos, para citar os principais, existe um substrato comum: a região. Batendo-a do massapê ao sertão, do eito à proletarização fabril, a produção desse grupo balizou algumas dominantes, como a seca, da temático do Nordeste. Trata-se, em conjunto, de um levantamento multifário, onde a objetiva artística, conforme o escritor e sua fase, ora percorre a paisagem coletiva na panorâmica documentária, ora se detém no *close-up* analítico do homem e de suas vivências.

Todavia, nem por isso o terreno parece totalmente explorado. De um lado, os velhos caminhos locais, que levaram à passionalidade épica de *Terras do Sem Fim* e ao desnudamento essencial, irredutível, do drama de *Vidas Secas*, ainda guardam muitas surpresas à visão criadora. Assim é que apenas na década de 1950 o autor de *Fogo Morto* empenha o seu pulso romanesco em *Os Cangaceiros*, motivo que Rachel de Queiroz põe em cena com sua peça sobre *Lampião*. Se o *Grande Sertão: Veredas*, confluência de todos os sertões, sertão mítico de uma espécie de epopeia nacional, escapa em grande parte ao Nordeste específico, a picaresca e dadivosa *Grabriela, Cravo e Canela* constitui um apimentado quitute baiano que Jorge Amado, numa demonstração de vitalidade artística pessoal e de seu chão, oferece maliciosamente ao leitor brasileiro. E poder-se-ia até dizer que, na brejeirice terna e complacente dessa crítica de costumes, se estabelece uma espécie de contrapeso, para o lado do humor, à religiosidade cerrada e mística do sertanejo que nos últimos anos atraiu, com seus beatos e jagunços de cruz no peito e clavinote na mão, a pena da velha e da nova geração. É o que inspira a *Assunção de Salviano* e, somada à palpitação telúrica, ao anseio de transfundir-se em sangue e solo, de situar-se nas entranhas do chão (onírico) de infância, é o que induz Paulo Dantas a seguir pelas sendas sertanejas do *Capitão Jagunço*.

Ao lado dessas trilhas do Nordeste tradicional, que serpejam no âmago da região, de seus momentos típicos, há, no entanto, outras. Ligadas e derivadas em boa parte das primeiras, são, porém, menos pitorescas, exercem menor apelo, porque, margeando "cidades e cidades todas iguaizinhas com barbearias, feiras, padarias... Hotéis familiares, bilhares falidos, igrejas pobres, cemitérios cheios de mato, tudo igual...", que Jorge de Lima encontrou à beira da "G.W.B.R.", internam-se na área do provinciano. Aí, no clima de estagnação e decadência, o regional desbota, ao menos em suas cores mais primitivas e puras, tornando-se mais uniforme. Sua paisagem restringe-se, desfaz-se a inteireza gráfica de suas feições em pequenos traços de existência que se decompõem sob a sufocante imobilidade do costume, chumbo da tradição, e de um mundo fechado, contido, onde a contiguidade condena ao atrito constante.

Em seu estreito âmbito, o absurdo pesa sobre o homem. Não porque, como no contrassenso culposo de Kafka, no absurdo existencial da corrente sartreana ou no pessimismo schopenhaueriano de *Judas, o Obscuro* – um "sertanejo culto", no dizer de Otto Maria Carpeaux – a presença humana no mundo se desenvolva sob o signo de uma consciência que, crispação do "ser [...] sem razão, sem causa e sem necessidade" (Sartre), se entrega ao sisífico labor de rolar a pedra da existência até o inatingível cume divino. Mas porque socialmente ela se acha sob o império do "outro", isto é, na incompatível situação desumana que a marginaliza e sobretudo a aliena, impondo-lhe a renúncia a si própria. Ao contrário, pois, de uma absurdidade fundamental, absoluta, princípio eterno da condição humana, trata-se de uma antítese relativa, temporal, mutável, que o homem pode e até deve negar, mesmo que seja na forma do ato desesperado pelo qual Luiz Silva, em *Angústia*, se liberta de Julião Tavares, encarnação de tudo quanto o oprime e alheia.

Esse absurdo social desmascarado, resultante da dialética entre o homem e o meio, comparece na ficção nordestina, desde os pardieiros irrespiráveis de *Suor* e o crime gratuito de *João Miguel*, constituindo mesmo um dos fatores de seu constante *engagement*. Pois, de certo modo, na medida que contém denúncia e reivindicação destinadas a eclodir por contragolpe no espírito do leitor, chega a comprometer até esse Nordeste – preferido pela sondagem psicológica ou intimista – o qual, projetando-se das vidas ilhadas em *Caetés* para o ilhamento da vida em *Angústia*, toca de perto à busca sensibilista que, a partir de 1940, se aprofunda, mormente no conto.

A Caminho de Si

É justamente no conto que Ricardo Ramos estreia com a coletânea *Tempo de Espera* (em 1954). Estes relatos, onde o escritor já se apresenta firme no manejo das técnicas da estória moderna, surpreendentemente definido no estilo, sem as vacilações do principiante, quase nada tem a ver com o Nordeste típico. Nos cenários depurados com uma disciplina às vezes intimista, se aparece um ou outro enquadramento rural, como na *Moeda*, ou uma alusão ao solo de infância, a nota regional é das mais vagas. A maioria das narrativas desenrola-se no ambiente citadino das camadas mais humildes da classe média, quer na província, quer no subúrbio carioca.

É principalmente sobre esse mundo, o da "pobre gente", com a poesia triste, miúda, de suas desilusões e desencontros, que o contista de *A Calçada*, gosta de debruçar-se. Junto à sua janela de observador, acompanha a passagem desses destinos que se escoam na minudência cotidiana do seu "tempo de espera", como grãos de areia na ampulheta. Estira o olhar tão longe quanto pode. Quer roubá-los a seu anonimato, articular a voz de seus silêncios, desvendar o mistério de suas almas transparentes.

Tragédias do corriqueiro, em que os deuses não intervêm, tecem histórias sem história de heróis essencialmente anti-heroicos. Seus feitos ocorrem na liça prosaica do simplesmente humano e consistem em reptar o absurdo de uma existência que o próprio destino omite, pelo mero ato heroico de presença ou de revolta na memória ou na consciência, ou ainda apenas no sonho, na evasão subconsciente, como em *Dominguinhos*. Daí o contínuo primeiro plano da personagem e de sua despretensiosa odisseia íntima. Trata-se de instituir um "núcleo humano" – escreveu Adonias Filho – cuja captação sensível de si mesmo e de seu contexto material repercuta como crítica à sociedade. Mas a dinâmica dessa crítica pode levar mais longe, à ação revolucionária pela qual Eduardo, no único relato onde ela surge e significativamente, o último do livro, nega a "vida sem rumo" do pai, encerrando e ultrapassando o *Tempo de Espera*.

Na sua evolução literária, Ricardo Ramos também dá um novo passo a caminho de si, de um lugar próprio na literatura brasileira. O marco é *Terno de Reis* (de 1957). Abrindo esse conjunto de narrativas, aparece, em face da obra anterior, algo bastante inesperado.

Em vez da "picada estreita... entre as árvores ralas... *em busca* do telhado castanho" da *Moeda*, o sentido focal inverte-se e alarga-se num campo de relva que "*se estendia*, molhado, ganhando os morros que protegiam os canaviais e os roçados pequenos, barravam o campinho de sapé, escondiam o pasto..." E nesse cenário manifestamente regional de *O Trole*, duas figuras típicas de um motivo rural nordestino: o senhor de engenho, Major Camilo, e seu capanga, o negro Valério.

Entretanto, na paisagem ampliada e mais localizada, desenvolvida como um ente em si, a tomada principal ainda cabe ao homem, como personagem, tramando-se a partir de sua perspectiva o contraponto artístico entre o momento psicológico e o social.

Assim, ainda em *O Trole*, deparamo-nos com um quadro de decadência polarizado em dois protagonistas. A narrativa desenvolve-se em dois tempos. No primeiro, o patrão ocupa quase toda a objetiva, permanecendo o cabra numa retaguarda integrada na paisagem física e social. É uma peça que ainda se encontra em seu lugar, no seu papel, naquela ordem centralizada em torno do Major. O domínio deste, porém, é apenas externo e aparente, por dentro range e estala, prestes a desabar. A isso corresponde o ângulo dos pensamentos e das reações do senhor de engenho, durante a ida e a estada na cidade, onde se decide o seu destino pessoal, o que nos dá uma das balizas do drama humano ali tramado. As tônicas se invertem quando o Major Camilo, depois de selada a sua sorte, num gesto de impotência e confissão de derrota, chicoteia Valério. O açoite lanha o capanga e golpeia a sua identidade com o mundo do engenho: "de mãos caídas olhava o patrão desconhecido e feroz". Desenrola-se então o segundo tempo, com a figura do negro avultando cada vez mais, à medida que se firma a sua recusa de cometer aquele ato "fácil, muito fácil", mas que o atrelaria irrevogavelmente ao destino do Major, à sua derrocada. É nessa luta íntima para subjugar o ímpeto da carne revoltada que o guarda-costas não só instaura o outro marco do drama humano, como (no plano do leitor) desprende-se insensivelmente de sua condição. Guiado por uma espécie de instinto obscuro através dos argumentos racionais que determinam a sua atitude, o instrumento cego nega-se a agir cegamente, o que constitui, pelo alcance simbólico do fato, uma desobediência aos padrões reconhecidos e o início de uma libertação. Destarte, no sorriso de desagravo certo, nos "dois olhos muito brancos [que] o olhavam fixo", vibra em ampla ressonância social a resposta procurada pelo Major Camilo: ao redor da casa-grande restam apenas "vozes adormecidas na sombra".

Uma musicalidade da mesma ordem, mas em outro plano, soa em *Terno de Reis*, relato que empresta o nome à coletânea. Trata-se, agora, de compor um quadro de transição social através de uma evocação regionalista e folclórica. A nota inicial, íntima e melancólica, que "interroga a noite, o mar, as sombras próximas", configura a "solidão na companhia ruidosa". Essa solidão do homem é a de Severino, operário da construção civil, um Valério em outra fase, nordestino tragado, mas ainda não assimilado pela grande cidade.

Diante da tela monocrômica, isolante, da "plantação de arranha-céus", o sentimento de não pertinência procura a evasão além dos "horizontes de água e concreto". Desencadeia-se então o mecanismo da saudade-memória que, ao encontrar no Dia de Reis o seu catalisador, devolve a Severino, por um instante, o chão de seu passado, o seu "rancho", engalanado com seus valores, no "exato" da cor de suas tradições. Severino canta e dança em seu Terno de Reis e, com ele, o Seu Antero, o velho vigia, e Orlando, o negro ladrilheiro. Forma-se um novo rancho.

Com efeito, a sua solidão apaga-se na "reminiscência da cantata". Se o calor desta não pode fundir os altos muros que se interpõem entre a sua nova e antiga condição, abre-lhe ao menos acesso aos da *banda de cá*. As solidões comunicam-se e o barracão do negro Orlando oferece-lhe a sua acolhida, a "cantata" de seu terreiro, os laços de uma nova solidariedade. É o chamado do morro.

Assim, ao fim da coletânea, depois de percorrer com a sabença de tangerino algumas veredas da região, ao mesmo tempo que, observador experimentado, as vielas do mundo provinciano e suburbano, o autor estabelece, já em *Terra Velha* – nostalgia do homem arrancado de seu solo – mas principalmente em *Terno de Reis*, uma primeira e sintomática conjugação entre os seus vários temas. No entanto, esse conto, senão o melhor, ao menos o mais representativo da seleção, constitui um ponto de acumulação, não só quanto ao conteúdo. Para ele também conflui todo o desenvolvimento formal do ficcionista.

Em *Tempo de Espera* nota-se, desde logo, a contenção clássica que domina a feitura. A uma linguagem precisa, apurada, em que prevalece o desejo da expressão concreta e necessária, alia-se uma construção medida palmo a palmo e que procura compensar, pela ordem tradicional de seu vigamento e da arquitetura de seus exteriores, os saltos no mundo abismal do subjetivo e da autenticidade. Essa propensão para o comedimento artístico, sem dúvida produto do temperamento do autor, acentuado por fortes vinculações machadianas e gracialianescas, no tocante às raízes nacionais, filia-se à tentativa, que é em parte a da atual fase literária, de pôr um freio no desregramento, no vulcanismo, na volúpia experimental das buscas do modernismo vanguardista. Trata-se, não de ignorá-lo, mas de integrar suas conquistas, quanto à apreensão sensível da realidade e à transposição estética, num padrão que apresenta a tensão apolínea para o equilíbrio, a pauta harmônica, a moderação regrada. Assim, talvez assista razão a Adonias Filho, ao chamá-lo de "neoclássico", incluindo em seus termos o *Tempo de Espera*.

No caso particular de Ricardo Ramos, escritor participante no sentido social e humano, a essa caracterização convém acrescentar, com respeito ao teor ao menos, uma tendência neorrealista que se patenteia em *Terno de Reis*. Aí, dominando melhor o seu instrumental, o que aumenta o poder de cenarizar, ambientar e marcar as criações, não só se liberta dos excessos da pesquisa rigorista, dando maior vazão à sua nota lírica e sutilizando sua ironia, como se coloca sob a égide de um realismo enriquecido que, atendendo à objetividade de certas situações e diferenciações do homem em sociedade, respeite também a complexidade de seu mundo interior e a individualidade de seu comportamento.

Os Caminhantes de Santa Luzia

"Há cerca de três anos, li em jornal a história de uma santa de romeiros, uma pobre ambulante de Deus. Pouco depois, ainda pensando na iluminada, via uma reportagem sobre um beato morto em comício, envolvido que fora pelas tramas da política, na sua feição mais interiorana", eis, nas palavras do próprio autor, a origem remota dessa obra. Duas notícias de imprensa, o *fait-divers* stendhaliano, e os duendes ou, se preferirem espíritos mais nacionais, os sacis da criação põem-se a fazer das suas...

Um mundo romanesco toma corpo. Uma beata sertaneja, dois apóstolos: um "marido meio pasmado; o acompanhante, meio estradeiro", pregando a uma Jerusalém matuta, com seus vendilhões do Templo, coronéis, políticos e capangas, com o seu povo incréu, imediatista, gente mais próxima da "capital [...] mais longe de Luzia e seu testemunho". Uma *via crucis*, a visão de um destino que "tinha as quatro direções" voltadas para a cidade santa de Bom Jesus da Lapa, debatendo-se com a "beleza, mansidão, terra quente" da vida com Valério, com os apelos da carne insatisfeita e o desejo de felicidade pessoal. Um drama, em que vozes antigas, brotada dos arcanos onde campeiam as crenças e os mitos, enredam-se e agonizam, absurdamente deslocadas, arcaicas, nos laços de uma intriga municipal, mas também de um ceticismo que vê, ao menos nesse rústico misticismo, histeria, "doidice [...] ignorância". Martírio inútil, sobre o qual paira a interrogação que nasce do desgaste de seus valores, expressa-se no magistral solilóquio do capítulo nove, quando o marido pergunta: "Por que romeirar? Sei não, minha santa, não sei. Era esse o meu pensamento, a minha pergunta de todos os dias. Não bastava conversar com o povo de lá, àquela paragem correr e aos nossos pregar, não bastava isso não?" Há nessa romaria uma infinita variedade de sugestões e intuitos que levam ao cerne de uma "paisagem bem de agora, no entanto agreste e violenta", de uma região que começa a renovar-se e, nesse processo, a restringir o espaço para as latadas de Canudos.

Ricardo Ramos, com uma visão nova, crítica, para uma área em que a plêiade de 1930 deixou tão funda a sua impressão, soube compreender esse fato. Deu-lhe plena figuração nesta novela que é, por enquanto, a síntese maior de sua obra. Com efeito, na tela em que pinta e contrapõe, num conflito básico, tipos-personagens do sertão e da província, reúne os velhos e novos caminhos por onde pervagou a sua arte de contista. Aliás, essa contribuiu muito para o emprego de cortes e planos de narrativa, à maneira do romance americano moderno, com o qual também se casa o ritmo veloz do estilo que busca a caracterização incisiva do cenário e a instauração imediata das figuras, e o diálogo preciso, enxuto, ou a poesia em *stacatto* do antológico monólogo "Malinidade, Luzia…" Para tanto, o novelista recorre a uma linguagem que, inteiramente composta, transmite, no entanto, a especificidade do falar nordestino. Conservando todo o empenho pelo termo substancial, irredutível, combina-o com um amplo aproveitamento do potencial de sabor e cromatismo do giro de frase e da expressão local. Armado desses recursos, o caminhante Ricardo Ramos realiza a peregrinação que certamente terminará no coração do leitor.

"LAMPIÃO"

Com a reedição dessa obra de Ranulfo Prata, a Editora Piratininga coloca à disposição de nosso público leitor o melhor documentário (há muito esgotado) sobre o tão falado e tão pouco estudado tema do cangaço. Como acentua Paulo Dantas em sua excelente introdução, esse problema cujas raízes se perdem nas entranhas da formação social, política e psicoantropológica do Nordeste, ainda não recebeu a devida atenção, ainda não encontrou um Euclides da Cunha que o desnudasse, apresentando-o de corpo inteiro, na purulência de suas chagas, das quais o cangaço talvez seja uma das mais violentas manifestações, a sua forma de reação e protesto. Contudo, algo já se fez nesse sentido. E, afora os trabalhos de Nina Rodrigues, Artur Ramos e alguns outros, cabe citar, com justiça, o livro de Ranulfo Prata.

Essa sua excepcional posição na bibliografia do cangaço não decorre de uma exaustiva análise sociológica ou de uma dramática síntese novelística. O autor não teve tal intuito e o declarou francamente. Desejou apenas lançar um "clamor" e um "apelo", baseados única e exclusivamente "no fato incontestável", no "depoimento", na valiosa massa documental reunida *in loco*. Mas a sua pena de romancista profundamente sensível à complexa alma sertaneja, forcejou muitas vezes os quadros da mera reportagem, proporcionando-nos uma série de esboços incisivos das sinistras figuras de Lampião e de sua malta, essa tortuosa soma caracterológica de mística e criminalidade. Assim, o despretensioso documentário transformou-se na crônica terrível daquele império de terror que dominou por dezenas de anos uma região imensa e, ainda mais, no testemunho da miséria e do abandono em que jaz a população nordestina. Aqui, a "muié rendeira", despida do sensacionalismo da imprensa ou do romantismo do cinema, tece uma renda de sangue e de morte.

A "ALDEIA SAGRADA"

Os problemas e as responsabilidades da literatura infantil e juvenil são sobejamente conhecidos. Hoje, ninguém nega o importante papel desta na formação dos indivíduos e, portanto, o seu papel pedagógico e social. Dirigindo-se a um público de extrema receptividade, transmite-lhe ideias e conceitos, sugere-lhe reações e emoções decisivas, talvez, na cristalização da personalidade. Daí por que é simplesmente criminoso a difusão de certos livros para crianças e adolescentes, onde se apela para os mais violentos e escabrosos excitantes, com o objetivo único de estimular a sua procura comercial. Por outro lado, quando encontramos obras como a *Aldeia Sagrada*, na qual se fundem a boa prosa e os sadios conceitos, tomamos consciência das amplas possibilidades desse gênero literário, não só como veículo de formação e conhecimentos, mas também como elemento de integração e expressão artística.

Francisco Marins é, sem dúvida, um excelente narrador. Numa prosa fácil e bem construída, empregando todos os recursos para prender a atenção de seu pequeno – e grande – leitor (frases curtas e diretas, diálogos vivos, histórias atraentes e ricas de ensinamentos), o autor nos conduz através da paisagem do Nordeste até o drama de Canudos. Obedece, é claro, em suas linhas mestras, aos *Sertões* de Euclides da Cunha. Entretanto, além de estruturação própria, introduz personagens e situações imaginárias, numa interessante mescla de ficção e realidade. E nesse particular, no aproveitamento e equilíbrio de ambos, Francisco Marins revela um talento de fato admirável.

Aldeia Sagrada é uma obra que desvenda, para a nova geração de brasileiros, essa aldeia sagrada de nossa literatura – *Os Sertões* – e com isso ajuda a integrar os futuros cidadãos nos aspectos e problemas de nosso país.

COM CRAVO E CANELA...

Saindo de uma longa permanência nos subterrâneos, Jorge Amado retornou com *Gabriela, Cravo e Canela*, à ensolarada região literária em que se desenrola o melhor de sua obra. Crônica de uma cidade, romance das cruas paixões e das leis primitivas que ainda sopitam e regem, sob o verniz fresco do progresso, da urbanização e modernização das "terras do sem fim", o novo livro é ainda o picaresco relato das "venturas e desventuras de um bom brasileiro (nascido na Síria) na cidade de Ilhéus, em 1925, quando florescia o cacau e imperava o progresso – com amores, assassinatos, banquetes, presépios, histórias variadas, para todos os gostos, um remoto passado glorioso de nobres soberbos e salafrários, um recente passado de fazendeiros ricos e afamados jagunços, com solidão e suspiro, desejo, vingança, ódio, com chuva e sol e com luar, leis inflexíveis, manobras políticas, o apaixonado caso da barra, com prestidigitador, dançarina, milagre e outras mágicas".

O mágico é Jorge Amado e o pregão da primeira parte dá uma boa ideia de suas artes. Mas não se engane o público com a função. Ela é circense, tem de tudo, acrobatas e pantomima, palhaços e animais amestrados, e, como não podia deixar de ser, tem muita dama-moça e muita moça-dama com acompanhamento e grande amor. O programa é longo, com intervalos e baleiro, e na arena tudo gira como girândola de luz, mas não é só para divertir os olhos e aliviar o coração. O diretor da companhia, que é também o ilusionista principal, tramou de tal jeito a exibição que, embasbacando e distraindo com mil números, mil casos tirados de sua cartola de mestre narrador, ela desenrolasse diante do numeroso auditório verdades inteiras da história de uma cidade e de sua gente, completando de mansinho o grande passe, o da palpitante recriação artística de um pedaço da vida brasileira.

É Ilhéus no auge da prosperidade do cacau. O desbravamento e a luta pela terra já são coisas do passado. Aparentemente o "coronel" domina com posse inquestionável. Tudo, solo, homens, instituições, é sua fazenda. Na sociedade, o que vale é a sua lei do mais forte, a sua moral do macho e a sua pena do talião. Nada ameaça o rude triunfador, exceto o seu próprio triunfo. O fruto de ouro, com suas oferendas cada vez mais generosas, junge-o ao carro do progresso, em cuja boleia já se encontra o exportador, o capitalista empreendedor, disposto a tomar as rédeas em suas mãos. É Mundinho Falcão, homem das novas forças e das novas ideias, que começa a impor seu espírito de iniciativa ao conservantismo provinciano, à ordem arcaica do coronel Bastos. O velho cacique está condenado, apesar de todo o seu poderio. Não porque o adventício represente uma revolução de estrutura, mas porque catalisa os interesses "progressistas" do fazendeiro e comerciante, o descontentamento de uma incipiente classe média e o aburguesamento, se não do coronel, ao menos de sua família, onde se multiplicam os doutores de base citadina. Assim, o conflito entre as duas facções traduz sobretudo um choque de mentalidades em que triunfa inevitavelmente a que deseja modernizar os padrões tradicionais (já abalados), consagrar o abrandamento dos costumes (já amaciados) e infundir novo ritmo aos negócios públicos (já acelerados).

Tudo isso se movimenta com grande fluência romanesca, sem esquemas rígidos, entretecido no aroma de "cravo e canela" da Gabriela dadivosa e telúrica, na saborosa tragicomédia de Nacib. Não faltam sem dúvida as paixões fortes, o romantismo derramado e a sensualidade violenta que caracterizam outras obras do mesmo escritor. Mas pela primeira vez encontramos numa criação sua o humor como nota principal. E, de fato, é a medida certa para um romance que procura fixar a fisionomia e a dinâmica de uma sociedade regional em que, no momento dado, não se apresentam tensões e lutas decisivas. As contradições ocorrem sobretudo na esfera dos hábitos, onde a ironia sempre se mostrou o instrumento sutil de caracterização e crítica. *Gabriela, Cravo e Canela* é um sorriso de crítica e de compreensão complacente. O artista abarca a realidade na nudez de suas oposições, mas também não esquece que a componente essencial é o homem, na sua estranha mescla de grandezas e misérias.

Essa profunda, benevolente e refinada compreensão humana reflete-se de tal modo no tratamento que surpreende os velhos leitores de Jorge Amado. Alguns sentem-se decepcionados, pois nunca julgaram que o autor de *Jubiabá* pudesse abandonar a crueza estilística que o distinguia especialmente no cenário de nossas letras. Mas Jorge Amado amadureceu, viajou, conheceu homens e terras, lapidou-se. Seria um contrassenso se se mantivesse no mesmo diapasão de há vinte anos. E a medida de sua força artística está precisamente nessa capacidade de renovar-se que encontrou em *Gabriela, Cravo e Canela* a expressão sensível. É o início de uma nova fase na sua obra.

"MARCORÉ"

"Se um mortal é colhido na trama do destino, que proveito há em permanecer vivo por mais um momento" (*Electra*), eis a epígrafe que escolheríamos em Sófocles para esse livro denso e amargo, dominado pela presença do *fatum* que se dissimula sob a passividade e o conformismo, sob a margem restrita das opções possíveis. Com efeito, apesar das pinceladas fortes que configuram um ambiente típico de cidade do interior brasileiro com sua específica paisagem humana e social, apesar da psicologia e da vivência caracterizada de um grupo de personagens modelados diretamente sobre a realidade e que vivem uma existência própria e não a de fantoches da vontade dos deuses, apesar da introspecção e memória, comunicadas na primeira pessoa, colocarem a obra toda sob o signo de uma experiência e um temperamento intensamente pessoais, o do autor, é indubitável que a cadência da ação, a necessidade no fim de contas fatal com que se sucedem os acontecimentos (sob a máscara das pequenas coisas, das resoluções aparentemente livres e com um alcance apenas imediato) estabelecem aquele clima e aquelas tensões em que o homem se encontra face a face com o destino, sob a suprema ameaça de seus golpes e na suprema indagação de seu sentido.

Entretanto, *Marcoré* é um romance e não pretende ser outra coisa senão um relato romanesco. Assim, se a sua atmosfera, tomada em conjunto, e a sua essência, são trágicas, as suas formas não o são e, sob o ângulo puramente literário, colocam-se bem nas antípodas de tudo o que esse termo possa significar. Antônio Olavo Pereira liga-se a uma das grandes linhas da narrativa brasileira, a de Machado de Assis e de Graciliano Ramos. Com igual economia de meios, com o mesmo pudor estilístico, com idêntica busca do substancial no homem, do seu momento por excelência subjetivo, do seu constituir-se como homem, o autor de *Marcoré* põe-se a contar uma história do cotidiano de um oficial-maior e de sua esposa Sílvia que, após anos de espera, viram cumprir-se um de seus desejos mais ardentes: o nascimento de um filho, Marco Antônio, Marcoré. Todos os fatos são miúdos, próprios de uma existência mais ou menos integrada num ambiente estreito e asfixiante que, aos poucos, através de seus subprodutos sociais e psicológicos, preconceitos, incompreensões, irrealizações forçadas etc., estabelece pequenas cercas, aparentemente inofensivas, em torno de sua humanidade. À medida, porém, que nos aprofundamos na leitura, como se aprofunda o conflito interior e exterior desse oficial-maior! Ser frustrado e inexoravelmente isolado, é submetido à dura prova de sobreviver ao seu próprio mundo. Este se distancia, cada vez mais hostil e estranho, desconhecido e inalcançável, à medida que se encarna na figura daquele que, ao contrário, deveria torná-lo mais sólido, mais acolhedor, mais atendível: Marcoré.

"BARRABÁS, O ENJEITADO"

A vitalidade dos temas bíblicos é algo verdadeiramente assombroso. Através dos séculos encontraremos a sua inspiração agindo como poderoso fermento intelectual e artístico. É um poder quase mágico de ressurreição. Por meio de impregnações nos problemas e preocupações das novas épocas, processa-se o constante rejuvenescimento dos velhos símbolos e a sua sucessiva reintegração nos diferentes períodos do desenvolvimento literário. Assim, o texto, ou melhor, o pretexto bíblico, constituiu-se em fonte inesgotável que, alimentando o espírito criador de gerações, renova as bases de sua própria atualidade.

Esse modo de ser explica, em nossa opinião, alguns dos fatores mais gerais do moderno surto da temática bíblica na ficção. Sem dúvida, concorrem ainda outros elementos de igual importância e mais diretamente ligados às condições de nossa sociedade. Não cabe aqui a sua análise. Devemos apenas reconhecer que se trata de uma corrente considerável, com profundas raízes na realidade de nossa época e que encontra, na historieta, na parábola e na metafórica dos dois Testamentos, um vigoroso instrumental, sintético e com grande poder de comunicação. No Brasil, ela também se manifesta, seja em trajes do misticismo sertanejo, seja em abordagens diretas, e o aparecimento de *Barrabás, o Enjeitado*[2] não constitui um caso isolado. O interesse pelo velho filão transparece, igualmente, sob vários aspectos, em muitas outras obras de ficção. É que, sob o fundo especulativo-religioso calcado em temas da Bíblia, se agita a busca de uma luz histórica que seja capaz de aclarar, principalmente, os problemas sociais e morais da humanidade em nossos dias.

E de fato a simples leitura do romance de Herculano Pires revela uma preocupação que acelera o ritmo da narrativa, que supera os pormenores e busca o clima de síntese. Correm os incidentes e as personagens na rapidez de um traço incisivo, de uma nota dominante, da configuração de símbolo. Mas as várias paradas da contemplação poética, onde se derrama um temperamento lírico, são meros interlúdios na escalada. Há uma ânsia de altitude, de descortino total, de um "encontro no limiar do espírito". Ela é motivada pelo desejo de alcançar o ponto de confluência da história, o momento de confronto entre suas tendências básicas, entre suas supremas teses. Sem dúvida, o objetivo imediato é o de caracterizar uma época em seus lineamentos mais gerais. Mas fixada nestes moldes, surpreendida em sua essência, na consciência de si mesma, a sua problemática transcende o momento particular. Assim, abre-se a parte pela qual irrompe a atualidade. Esta coloca-se no próprio âmago do debate doutrinário e da preocupação fundamental da obra: será a violência fonte de autêntica libertação? A solução oferecida à velha contenda de judeus e cristãos sobre o advento do Messias e sobre a redenção de Israel condiciona virtualmente uma posição em face dos acontecimentos de nossa época.

2. Da editora Lake.

Contudo, devemos reconhecer que se trata de uma posição subjacente. O autor não traiu o seu tema nem o gênero de seu livro. Ao contrário, manteve-se no campo da reconstituição novelística e da discussão histórica. E nesse sentido a sua interpretação da figura de Barrabás serviu-lhe admiravelmente. Apoiado na informação de Orígines, segundo a qual Barrabás também se chamava Jesus, atribuiu-lhe a chefia da revolta ocorrida durante a Páscoa, eximindo o Nazareno de qualquer participação nela. Essa conceituação representa uma vantagem básica: permite plasmar em sua pureza os princípios encarnados pelos dois personagens centrais, o da material libertação nacional e o da espiritual redenção humana. Ao mesmo tempo, tal confronto possibilita a caracterização da encruzilhada histórica em que se encontrou o judaísmo daquele tempo, quando concluindo um longo processo de desenvolvimento, atingiu um ponto nodal em que se verificava a sua dialética transfiguração, o salto que, realizado à custa da forma nacional, universalizou a sua essência e mensagem humanas.

■ ■

Do ponto de vista judaico, a tese defendida em *Barrabás, o Enjeitado*, merece alguns reparos, porquanto em nome da missão ética de Israel ela estabelece a sua total alienação política e histórica. Esse povo deveria renunciar à sua existência como tal, submeter-se pacificamente ao jugo romano, dissolver-se entre as nações, a fim de propagar a boa nova, a mensagem de fé e amor. A incompreensão desse seu destino, o firme apego ao corpo material da nação, a cegueira ante a prédica do Salvador teria resultado na falsidade de sua luta, no *enjeitamento* de seu sacrifício, na condenação a uma martirizada e duradoura subsistência. Essa concepção, expressa ou contida, norteia o livro de Herculano, embora, diga-se de passagem, não haja, de sua parte, qualquer ideia preconceituosa ou malévola, sentindo-se, ao contrário, enorme simpatia para com as angústias morais e religiosas de Sion. O que a seus olhos não se justifica é que, de posse de uma oportunidade histórica de se salvar e de salvar a humanidade, a *enjeitasse* em nome de um ilusório princípio nacional.

Quer-nos parecer, porém, que aos hebreus do tempo de Jesus tal dilema jamais se apresentou. Se no seio do povo se debatiam tendências opostas, estas eram, na época, inerentes e não transcendentes à conjuntura histórica da vida nacional. Não possuíam qualquer outro sentido, além do local. Geradas em meio a uma luta de libertação nacional, preconizavam uma ou outra forma de realizar essa salvação. O termo dispunha, pois, de um conteúdo preciso, tangenciado por uma situação concreta, palpável, a da salvação nacional. Claro que ele surgia envolto na roupagem da época, ou seja, no fulgor das pregações messiânicas e religiosas, com a sua notável capacidade de generalização e proselitismo. Mas o seu nervo vital pulsava no corpo de um povo, respondendo a anseios que lhe eram peculiares e decorriam das condições de sua existência social e política e da luta contra a dominação estrangeira. As implicações éticas, diferenciáveis *a posteriori*, tinham o simples papel de nuanças, ou, quando muito, de concepções antagônicas ligadas, não a um dilema, mas a uma unidade material e espiritual.

Não negamos o valor ideológico e a possível força de universalidade das várias correntes que agitavam o panorama político e religioso judaico. Contudo, não vemos como poderiam elas sacar todas as consequências de suas respectivas ideologias, então embrionárias, numa espécie de antevisão apocalíptica da história humana. Na verdade, o camponês, o pescador, o artesão, o mercador, o fariseu (no caso, o intelectual), o sacerdote e o próprio profeta buscavam apenas livrar-se de um pesado tributo econômico e espiritual que atentava contra as leis e a individualidade de seu grupo. O restante da humanidade era, para eles, tanto mais vago quanto menos afetasse o seu círculo de interesse e, portanto, de consciência, ao qual não poderia fugir, pelo menos naquele momento, a própria especulação religiosa.

O reino universal de Deus era algo bastante concreto e limitado. E não seria atrevimento dizer que não ultrapassava os limites do Império Romano. Todas as soluções visavam, em primeiro lugar e fundamentalmente, a um problema específico, proposto por certo agrupamento que reconhecia no nome Israel a expressão de sua maneira de ser. Que o mundo antigo estivesse em efervescência, que as suas formas sociais rangessem sob o peso de milhões de escravos e da onerosa carga romana, que as tendências filosóficas trocassem a física pela ética, a terra pelo céu, que nas entranhas do Império rumorejassem as surdas correntes de um novo período histórico, de um novo regime social e de uma nova religião sincrética, os judeus poderiam sentir e, quando muito, disso participar como elementos gravitacionais de um sistema, mas nunca possuir a compreensão precisa da conjuntura, de seus problemas básicos, dos dilemas e encruzilhadas que enfrentavam, nem tampouco dispor de poder de escolha e opção por toda a humanidade.

Entretanto, abandonemos esse imenso e árido campo, onde escolas e conceitos agitam-se em torno de um cadáver histórico. Vejamos, agora, a obra de arte em si, a única apta a recriar até certo ponto a vida. E nesse domínio cumpre reconhecer que Herculano Pires alcançou o seu objetivo. Em cento e tantas páginas de incontestável beleza, onde a mão de um poeta traçou quadros de sensibilidade e colorido, proporcionou-nos uma nova visão da figura de Barrabás, da trágica sorte do homem incapaz de superar as limitações de sua consciência, de se integrar no largo rio da inteira compreensão ética e histórica. No vulto de Barrabás, mais do que em qualquer outro e, sobretudo, mais do que nas figuras positivas do romance, deparamo-nos com a imensa angústia da criatura humana em busca de si mesma e do seu destino. E o autor mostra que, nesse sentido, o homem lhe inspira confiança: a dúvida e a dor são os primeiros passos em qualquer tipo de iniciação redentora.

DE REMOTA PROVÍNCIA...

Na misteriosa região onde as impressões, a face contundente das coisas, sofrem um processo de seleção, estruturação e armazenamento, onde a memória conserva algumas das mais expressivas fichas de nosso passado pessoal, a experiência de nossos anos de infância e de nossa adolescência tem um lugar proeminente. Este se inscreve indelevelmente em nossa vida mental com o poder brutal dos golpes formadores de nossa individualidade. E foi nesse repositório que Herculano Pires foi buscar o material para o seu *Daga Moriga*[3].

Dessa remota província, surge uma cidadezinha do interior paulista, na plenitude de suas personagens características, de seus costumes e de suas tradições. Não se trata aqui apenas de uma novela regionalista, com o preciosismo folclorista e muitas vezes turístico, que amiúde preocupa esse gênero literário. Não se trata tampouco da pesquisa

3. Também da Lake, 1955.

sociológica e etnológica que nos deveria traduzir (como pretendeu certo crítico) com todos rr e ss (ou sem os rr, para sermos mais precisos) os modismos caipiras etc. Em *Daga Moriga*, temos um quadro da vida do interior, mas não uma descrição naturalista. Com profunda simpatia humana e não sem preocupação filosófica (o que constitui talvez o ponto mais vulnerável da obra como novela), Herculano Pires arranca do fundo de seu próprio eu, portanto repassada de vivência e autenticidade, uma notável coleção de tipos e de cenas, de conflitos e paixões. E os realiza com tamanha sinceridade, em um impulso tão pessoal, que a riqueza e o vigor de certas personagens como "seu" Eduardo, Sargento Frederico, Nhá Escolástica, Professor Altino etc., saltam por cima do herói principal, Daga Moriga, relegando-o a uma sombra tanto mais obscura quanto se trata de uma figura algo abstrata, carregada de simbolismo e missão. E o que não dizer da magnífica passagem da corrida de carrinhos, quando o menino-homem não resiste ao aceno de sua infância e lança-se na competição com todo o arrebatamento da criança que sopita em seu peito?

Nesse livro tão intensamente pessoal, embora nele desfile todo um mundo (inclusive com os seus problemas sociais), o autor de *Barrabás, o Enjeitado*, confirmou inteiramente as suas qualidades de novelista seguro, senhor de um estilo claro, acessível, matizado de uma notável sensibilidade poética que torna sempre presente o oleiro de *Argila*, que diz:

> Enterro as mãos no úmido chão noturno
> e extraio
> o barro submisso
> da última oferenda...[4]

4. J. Herculano Pires, *Argila*.

"TERRITÓRIO DOS BRAVOS"

Com esse novo livro, Francisco Marins prossegue na abertura da árdua picada que, sem dúvida, desvenda novos horizontes para a literatura infantil, conduzindo os seus pequenos e "grandes" leitores ao encontro dos próprios fundamentos da nacionalidade. É uma tarefa ingente, pois trata-se não só de apresentar algo de novo, mas de vencer o matagal que invadiu esse domínio das letras, um mato composto em sua quase totalidade (claro, existem exceções e das mais honrosas) de uma temática enfezada, perniciosa, destituída de qualquer ensinamento cívico, moral e humano. As influências de ferrabrazes de outras plagas, aqui difundidas por uma vasta rede de publicações, bem como por uma infinidade de histórias cosmopolitas, no pior sentido da palavra (referimo-nos a esse subproduto dos ambientes metropolitanos, cujo lema é a lei dos mais fortes e não a dos mais justos) desnacionalizam o espírito de nossa infância e adolescência, violentam as tradições e as peculiaridades de seu meio cultural e criam elementos desajustados, marginais de tendências criminosas. Por outro lado, devemos reconhecer que a maioria das velhas histórias que atraiam os nossos avós e mesmo os nossos pais não seduzem a petizada de nossos dias. Esta sente o desajuste que existe entre a atmosfera vibrátil e nervosa de seu cotidiano e a modorra de tais narrativas, com o seu passo de boi e o seu moralismo piegas. E a crítica infantil, embora inconsciente, é feroz. Vale-se da mais pungente das armas – a ridicularização. Com frequência espantamo-nos ante uma criança que manifesta, através de um riso quase descarado, o seu pouco caso em relação às lendas outrora consideradas fantásticas e mirabolantes. Qual o motivo? Será que as crianças da atualidade perderam aquele precioso mundo de sonho e imaginação que povoou e coloriu a mente infantil de outras gerações? Transformaram-se, por ventura, em pequenos velhos, cheios de discernimento, capacidade crítica e ceticismo? Claro que não. Apenas o objeto de suas projeções localiza-se em outro nível, obedecem a outro ritmo. Pois, qual o sentido de uma feiticeira que voa num cabo de vassoura na época do avião a jato? Assim, uma literatura infantil que deseja realmente penetrar e captar o espírito de seus leitores deverá abandonar as velhas e batidas estradas e procurar uma síntese entre as imposições da civilização hodierna e as grandes lições do passado.

Ao que parece, Francisco Marins entendeu perfeitamente o problema e realiza um esforço nesse sentido. A epopeia de Plácido de Castro e sua luta pela integração do Acre no solo brasileiro, narradas em *Território dos Bravos*, bem como a história de Canudos, abordada em *A Aldeia Sagrada* (obra que proporcionou ao seu autor o prêmio da Academia Brasileira de Letras) constituem dois marcos dessa entrada renovadora. Neles, encontramos implícita ou explicitamente, o roteiro para uma literatura infantil que, despida do ranço do "ufanismo" demagógico, imbui as novas gerações de uma autêntica consciência da terra e da gente de seu país. Para tanto, desvenda-lhe, com o auxílio e concorde com a mentalidade da nossa época, o mundo viril, mas sadio, dos homens e dos eventos que imprimiram à História do Brasil os seus traços mais característicos.

UMA OBRA DE REALISMO SOCIAL: "SANGUE NA PEDRA"

O realismo social tem sido, como todos sabem, um dos pratos prediletos nos debates literários dos últimos anos. A seu respeito, falou-se e escreveu-se uma porção de coisas, mas nem sempre predominou o desejo de conhecê-lo, analisá-lo e julgá-lo objetivamente, pelo que de fato significam suas aspirações e sua produção literária. No ardor da controvérsia, queimou-se muita lenha de origem espúria. A cega exaltação e a pura e simples rejeição erigiram ao seu redor um muro de afirmativas e negativas cujo principal vigamento foi a generalização fácil, subjetivamente desvirtuada e condenada a não considerar senão os seus próprios argumentos.

Destarte, seus adversários, valendo-se dos inúmeros frutos verdes que se apresentam na seara realista e cedendo à tentação de um preciosismo que cultua herméticas realidades artísticas, negaram-lhe a menor veracidade estética, encarando-o como simples manifestação de propaganda política, sem qualquer ligação com as fontes legítimas da obra de arte. Por outro lado, alguns de seus partidários desdenharam por completo, numa formalização oposta, qualquer expressão que não fosse a do realismo participante e militante, o que redundou numa visão unilateral do mundo e, por conseguinte, numa rigidez mortal para a verdadeira criação. Mas as violências de uns não justificam os erros de outros e, se boa parte das obras dessa corrente choca pela artificialidade de sua psicologia, pelo esquematismo de sua estrutura e pelo lugar-comum de sua linguagem, é certo também que o realismo social nasceu de um poderoso movimento de revisão social e humana cuja efetividade, gostemos ou não, é indiscutível e cujo direito de existência se impõe. Além disso, trata-se de uma escola nova e, embora suas maiores conquistas talvez estejam no futuro, os nomes de Górki, Aragon, Jorge Amado, Scholokhov, são testemunhas de suas possibilidades artísticas.

Entretanto, pela própria natureza de seus objetivos e compromissos essa tendência oferece aos seus cultores árduos problemas de caráter estético que só os maiores dentre eles conseguiram resolver a contento. Isso porque, se é fácil para um autor qualquer, responsável (de um modo direto) apenas perante si mesmo ou perante um grupo mais ou menos restrito, ser coerente consigo próprio e solucionar a questão da autenticidade de sua obra, o escritor que segue o realismo social tem de integrar conscientemente o seu trabalho criador nos quadros de uma ideologia com determinadas teses sobre o mundo e a sociedade, sem atentar contra a sua própria personalidade artística e contra a realidade objetiva. Além disso, se considerarmos que esse movimento prega a síntese – de elementos até agora contrapostos na história da literatura – do realismo crítico e do romantismo heroico, da caracterização social e da verdade subjetiva, da visualização do processo coletivo e da ação individual, compreenderemos como se multiplicam as dificuldades de quem procura modelar uma obra segundo os ditames dessa corrente. Só talento não basta. É preciso aliá-lo a uma convicção e a um conhecimento capazes de garantir a sinceridade e as pretensões da criação social-realista.

Nesse sentido, Ibiapaba Martins assume pesado encargo quando se propõe a realizar um romance com essa tendência. Contudo, devemos dizer que o autor de *Sangue na Pedra*[5] se desincumbe de maneira assaz satisfatória, dando-nos um livro que figura entre os melhores do realismo social no Brasil.

Não se trata de uma obra-prima, é certo. Além de uma certa facilidade jornalística no escrever, nele afloram falhas peculiares a muitas produções da mencionada escola. Assim, ainda perdura certo esquematismo na construção de várias personagens de primeiro plano, os que encarnam as forças sociais em choque, especialmente o herói do livro, Tanabi – o trabalhador revolucionário – e suas antíteses, o Dr. Militão e o Conde Álvares Palhares, o latifundiário e o industrial, respectivamente.

Tanabi, por exemplo, perde a sua consistência humana e psicológica devido à constante preocupação de transformá-lo em símbolo de uma classe e da consciência que esta tem de seu papel histórico. Tal preocupação que nada tem de condenável em si, mas que carrega demasiado a figura retratada com linhas muito gerais e sumárias, afeta-lhe a individualidade e sua personificação quase se volatiliza por entre os dedos do autor. Ao fim do romance, de sua personalidade que deveria ser marcante, atuante, mas psicologicamente individuada, presente, resta uma vaga semelhança humana que vai pouco além da fórmula que lhe presidiu a elaboração. Por quê? Talvez porque violenta uma existência atual em favor de uma existência ideal, conferindo-lhe uma simbologia possível tão somente na novela histórica, onde o herói depurado pelo tempo dispensa a carnalidade e a modalidade (o que não sucede, apesar da heroificação, com um tipo enfocado com grande proximidade objetiva e subjetiva), como o

---

5. Da Livraria Martins Editora.

demonstra uma personagem desse mesmo livro, uma figura real, mas hoje já lendária, a quem Ibiapaba Martins evocou com felicidade e grande carinho.

O Dr. Militão e o Conde Álvares Palhares também não exercem domínio sobre os seus movimentos. São principalmente estereótipos que agem de maneira mecânica, como se a sua única função na vida fosse a de representar os defeitos, as prepotências e a desumanidade de certas categorias sociais. Essa forma de caracterizá-los, erro em que muitos incorrem, transforma em caricatura o que deveria constituir um estudo aprofundado e uma imagem correta de tipos exponenciais, resultando, às vezes, na própria inutilização da crítica social contra eles dirigida, pois o leitor não mais se depara com homens – bons ou maus, bonitos ou feios, gordos ou magros – que tomam determinadas posições por força das condições em que vivem e de seus envolvimentos pessoais, mas com verdadeiros bandidos de "fita de mocinho", numa singular dicotomia que institui quase um maniqueísmo. Nesse particular, conviria compará-los com os caracteres de *Santa Marta Fabril* e veríamos que nessa peça de teatro, escrita, em que pese todos os seus defeitos, com conhecimento do ambiente focalizado, o comportamento deles se apresenta mais fundamentado, do ponto de vista psicológico e, exatamente por isso, mais vulnerável à crítica social.

Entretanto, a despeito dessas lacunas que fariam ruir uma criação menos talentosa, *Sangue na Pedra* subsiste no seu conjunto. Um inegável dom de romancista arranca as personagens e os incidentes da obscura cotidianidade que os forjou e escreve com eles a história humana, sem H maiúsculo, mas com a autenticidade da vida, de toda uma fase não só das lutas sociais, como do desenvolvimento paulista.

Com uma linguagem plástica ao extremo, entremeada de folclore, mas não de populismos fáceis, onde se alternam o tom direto do fato, o épico da revolta e o lírico do enlevo, o autor nos conduz no rasto dos cinco irmãos Pedroso Longo e, através dos campos e das florestas, em admiráveis descrições de paisagens e da vida no interior, introduz-nos no cerne dos conflitos que aí lavram. Com os boiadeiros (a cujo respeito escreve páginas excelentes, especialmente um estouro da boiada digno de antologia) e os machadeiros, guia-nos pelos rudes caminhos e pelas matas sombrias do progresso de São Paulo, desvenda-nos aquele mundo anônimo de retirantes nordestinos e meeiros cujo suor desbrava e fecunda a terra para os latifundiários e grileiros. Vidas humildes, primitivas, cantigas de saudade e uma esperança inatingível que deixam em suas pegadas as pequenas cidades interioranas, onde algo de novo já se agita por entre a dolência da pracinha.

Mas o seu interesse se concentra principalmente na grande cidade. Nela é que se encontram as fábricas que enchem o ar de um "confuso rumor de mistério e força", o mistério da redenção e da força redentora. É o operário, e especialmente o trabalhador consciente de sua classe, que fascina a pena desse autor. Com devoção e entusiasmo, procura-o nas fábricas e cortiços, acompanha-o em suas lutas, canta os seus sacrifícios, a dedicação de suas companheiras, acalenta-o nas masmorras e grita por ele nos quadros cruéis da repressão e da brutalidade policiais. É o seu herói, o super-homem humano, aquele que realiza desde já a plenitude da condição humana. Na sua idealização, Ibiapaba Martins verte todo o seu humanismo, a sua crença num mundo melhor, num mundo em que os seres possam viver toda a sua individualidade, possam manifestar-se como eus totais e não sufocados por um mundo social que os aliena, vendo neles apenas uma força de trabalho.

Mas *Sangue na Pedra* não pretende ser e não é uma epopeia. O seu objetivo é realizar-se como romance e de boa fé ninguém poderia negar-lhe tal qualidade. É confrontando as criaturas com as condições, desenterrando suas verdades interiores, os matizes de suas reações e os anseios que as propulsionam que essa obra procura e encontra a sua forma. Numa sucessão quase cinematográfica de ambientes e tipos, em que a técnica do corte permite abordar os aspectos multifacetados da realidade, o processo e seus conflitos adquirem nome, feições, sentimentos, transformam-se em homens e mulheres cujas oposições e atrações, ora no torvelinho dramático das paixões, ora no remanso cismarento dos sonhos, fluem como o velho rio em busca do grande mar.

DOIS JOVENS POETAS: FUJYAMA E PIERRE SANTOS

Fujyama é um poeta estreante e, quando se apõe esse qualificativo já se sabe o que ele comporta, não na página seca e fácil do comentarista, mas na vida do poeta: não apenas incipiência, falta de maturação, mas também uma gama enorme de incompreensões, lutas e possibilidade e, talvez, um dia, a ventura de mil vozes repetindo o seu cântico. Realmente: "Há um clima de espera (em cada folha) pendendo verde..." Mas, de qualquer maneira, Y. Fujyama apresenta-se, como ocorre com frequência em representações marcantes da pintura japonesa, em forma de *Nítidas Paisagens* envoltas em lirismo e ternura, onde o grafismo do vocábulo conscientemente buscado e empregado compõe, através de um mágico contraponto de sentimentos e sugestões, aquela delicada atmosfera de sonho infinito projetando-se da precisão da forma.

Em contraposição, e para não sair do campo da poesia, temos a imaginação exaltada de um autêntico latino, Pierre

Santos. Também poeta, também estreante (*Ilha Sonâmbula*), não se recolhe, por exemplo, ao intimismo recatado de um Fujyama. Ao contrário, vem à rua clamar a sua revolta, com a "voz urgente" e o "canto necessário". Pouco lhe importa a grandeza dos moinhos de vento, atira-se decididamente contra eles. Deseja febricitar no ardor da luta, do amor e da tristeza, ou melhor, da angústia. Trata-se de um tumulto de sentimentos que dominam avassaladoramente o poeta, de um tempo presente e não perdido no infinito do próprio desenrolar-se deste, de um impulso incontido para a descoberta renovadora e surpreendente:

> Quebra o espelho que nunca me reflete
> veste o teu corpo nu perto do tempo,
> que além o ocaso espera a descoberta.

OS IMIGRANTES DE SAMUEL RAWET

Dentre a nova geração de contistas brasileiros, Samuel Rawet ofereceu-nos com os seus *Contos do Imigrante*[6], um livro digno de nota. As narrativas aí reunidas trazem o selo de um ficcionista que domina as possibilidades atuais do relato curto e as utiliza num temário bastante original, pelo menos na literatura brasileira. Com efeito, essa coletânea focaliza, em algumas de suas histórias, aspectos da imigração judaica no Brasil e, na verdade, assinala o surgimento *de jure* desse assunto em nossas letras.

Isso não significa a inexistência de tentativas anteriores nesse sentido. Faltou, porém, a seus autores, quando não o talento, ao menos a maturidade necessária para arrancá-las de um pretenso realismo que oculta, de um lado, uma propensão à apologia do grupo (o que, aliás, caracteriza boa parte das novelas, contos e romances sobre a imigração

6. Da José Olympio Editora.

em geral e isso explica a sua nota quase sempre de saga) e, de outro, uma experiência alheia não inteiramente captada pela sensibilidade artística.

Muito mais convincentes, embora em número reduzido, são as personagens dessa origem que comparecem em algumas composições de Graciliano Ramos, Jorge Amado e outros. Trata-se, contudo, de figuras incidentais, que surgem num contexto sem qualquer ligação com uma abordagem específica do ambiente e dos tipos judaicos e que permitem, no máximo, avaliar o seu grau de fixação no panorama social do país. Por isso, podemos afirmar que, afora outros méritos amplamente salientados pela crítica, Samuel Rawet foi o primeiro a dar ao assunto a amplitude e o nível requeridos para integrá-lo nas letras nacionais.

A sua primazia apresenta-se acompanhada de uma característica que, a nosso ver, valoriza ainda mais esses relatos. Rawet soube fugir à tentação fácil das "terceiras classes" e dos "East Sides", que, durante largo tempo, constituíram o padrão dominante no tema da emigração e imigração judaicas e determinaram copiosa produção em várias literaturas, particularmente na anglo-americana e ídiche.

Essa tendência inteiramente justificada nas condições em que apareceu, e que engendrou obras do calibre de *Judeus Sem Dinheiro*, de M. Gold, detinha-se sobretudo na análise social da transplantação maciça.

Destacava a proletarização das massas pequeno-burguesas do Oriente europeu, o impacto da vida metropolitana e da desenfreada ocidentalização sobre os valores e as tradições do gueto. Sua luz incidia sobre a epopeia e o sofrimento do homem arrancado da estreita comunidade nacional-religiosa, com sua diferenciação de classe bastante primária, e lançado na voragem da América e da máquina capitalista, com sua rígida compartimentação social, apesar da ilusória mobilidade com que lhe acenavam os "tios milionários" e as lendas sobre fortunas fabulosas constituídas da noite para o dia. Refletia não só o desapontamento ante os Eldorados desfeitos, como também a violenta tomada de consciência da nova realidade, menos miserável e mais democrática do que a antiga, mas cujo preço eram os *sweat-shops*, os "East Sides", as crises e o desemprego, o estalão dinheiro como critério de avaliação do homem. Em suma, era uma literatura de protesto e militância que, apesar dos matizes de estilo e temperamento dos autores, estruturava o temário decorrente do fenômeno imigratório na fórmula geral de reivindicação socializante.

Essa corrente correspondeu, em conjunto, aos primeiros estágios da imigração nos novos centros. Seu contínuo revigoramento deveu-se tanto aos fatores socioeconômicos de ordem geral que a transformavam numa das faces do realismo de vanguarda, como ao afluxo de sucessivas levas de recém-chegados que, substituindo as antigas nas posições de base, impulsionavam uma expressão literária da mesma ordem. Ao mesmo tempo, porém, a velha imigração se distribuía na atividade econômica, se escalonava na hierarquia social e se ajustava ao meio e à cultura do país. E nessa medida, e sobretudo, pelo efeito do processo em seus descendentes de segunda e terceira geração, se poderia falar de uma literatura puramente de imigração. Contudo, tal produto ainda se encontrava no âmbito de seus reflexos, pelo menos enquanto autores e obras se identificam como grupo alienígena e representam a especificidade deste no corpo social, ou então, enquanto permanecem de forma ambivalente nas fronteiras das duas formações.

Em tais circunstâncias, surgem em primeiro plano a questão dos antagonismos e das relações entre o meio majoritário e a comunidade ou os indivíduos que se encontram em sua presença com uma qualidade distinta dos padrões comumente aceitos. Nasce daí uma complexa problemática de atração e repulsão, de integração e marginalidade, que constitui campo fértil para a literatura. Com os judeus, em particular, isso resultou numa série de escritores voltados para os temas de discriminação, preconceito, antissemitismo, resistência e tendência à assimilação, conflitos de mentalidades e gerações etc. Sua ficção, pelo próprio tipo de interesse, abandona o realismo de tese, preferindo encarar o "homem em situação", o agente-paciente individualizado na conjuntura concreta. Para tanto, embora carregada de motivação e lastro sociológicos, estreita a perspectiva social, retira-se do púlpito da pregação doutrinária e, sem maior consideração pelo potencial simbológico de seus personagens, aprofunda-se na análise de sua psicologia individual e comportamento. Fá-lo a fim de estabelecer por comparação e justaposição de seres humanos particularmente definidos, as encruzilhadas da vida em sociedade, as tensões entre os grupos que eletrizam suas relações objetivas com cargas subjetivas e irracionais, a ambiguidade dos valores criados nestas simbioses e, sobretudo, os choques e os dilemas que daí decorrem para as criaturas cujas existências se enredam na trama das incompreensões e inadequações.

Tudo isso envolve naturalmente a presença mediata ou imediata do imigrante. Mas sua figura literária sofre transformações essenciais. Vista, agora, de forma retrospectiva, tende a perder o seu significado restrito e localizado numa condição sociológica, o seu status de estrangeiro total que se defronta com o novo meio, não individualmente, mas coletivamente, e na plena posse dos valores e da armadura originais de sua personalidade cultural. Começa a generalizar-se como representação do antepassado, da raiz, na medida em que essa primitiva tessitura se desintegra, e aos poucos se impregna de toda a problemática que a sua transplantação trouxe para as gerações subsequentes. Assim, seus lineamentos fundem-se, numa evolução incessante, com a do homem marginalizado, a criatura-limite de situações e contradições de uma sociedade demasiado consciente para desconhecê-las e ainda demasiado impotente para dominá-las.

Tal tendência vê-se ainda estimulada por outros fatores como as sensíveis modificações havidas no caráter da imigração judaica e as profundas repercussões da guerra e do nazismo nesse terreno. Não só o tipo tradicional de imigrante apresentou, entre as duas conflagrações, um nível de cultura cada vez mais elevado, o que talvez integrou diretamente a sua expressão literária na atmosfera do desajustamento, como o aparecimento do "refugiado", do "deslocado", do "ex-prisioneiro do campo de concentração" e do "sobrevivente", com suas almas destroçadas flutuando num mar de cinzas e lembranças sangrentas, acentuou extraordinariamente a transfiguração do imigrante. O seu tipo, agora síntese de três condições – judeu, imigrante e marginalizado – transcende em alcance o homem em situação e reingressa na categoria dos simbolismos, alinhando-se entre os grandes símbolos que na literatura contemporânea, preocupada com a alienação social, moral e artística, consubstanciam a "situação do homem".

É nessa linha que vamos encontrar os relatos de Rawet, o que torna ainda mais marcante a sua presença nas letras brasileiras. O jovem autor não só introduziu em nossa ficção o imigrante judeu, mas também o apresentou sob o seu ângulo mais atual. E mais ainda: fê-lo de maneira tão expressiva e pessoal que, de nossa parte, não hesitaríamos em situá-lo entre os melhores expoentes do tema. Numa antologia do conto internacional sobre a imigração judaica o seu nome não deveria faltar.

Os *Contos do Imigrante* não giram exclusivamente em torno da vida dos judeus no Brasil. Mas, na medida em que a abordam, captam flagrantes reveladores da mentalidade, das conjunturas e dos tipos específicos. Sem dúvida, quando, em "O Profeta", Rawet esboça rapidamente o meio estranho que de súbito envolve, com a sua impermeabilidade, com a dubiedade de seus valores, a figura solitária do "sobrevivente", encontramo-nos diante de uma situação tomada da realidade, de onde também procedem o "genro parasitário", o menino Paulo que em verdade "se chamava Pinkos". Tais elementos, assim como o abismo que medeia entre Judith, egressa de seu ambiente, e o irmão que nele se radicou, ou o vulto de Ida, encarnação de um mundo alienígena, debruçada sobre "A Prece" de seu passado, denotam que o contista conhece profundamente a sua matéria-prima, as tradições, a psicologia, a dinâmica de suas relações internas e externas, as notas dominantes de suas tensões.

Entretanto, por mais felizes que sejam tais quadros da colônia e por mais agudas que sejam as observações acerca de seu modo vida, cumpre não ver nestes relatos uma tentativa de levantar a topografia social e humana do grupo. Rawet dispõe certamente dos elementos para efetuar a tarefa, mas seu esforço orienta-se noutro sentido. Preocupado em desvendar no imigrante judeu, não a sua face típica, mas a humana, realiza imenso labor de destilação, colhendo-a nos pontos excepcionais do relevo coletivo, sobretudo entre os tenazes da inadequação.

Daí por que procura seus personagens nas fronteiras entre os grupos, onde campeia o ser isolado e hostilizado, o homem desarraigado e entregue a si mesmo, que não conta com a solidariedade social, porque é estrangeiro e emigrante em toda a parte. Essa criatura, excepcionalmente sensível às reações do meio externo e consciente de seus conflitos, capaz de subjetivá-los pela "sensação de que o mundo deles era bem outro" ("O Profeta"), defronta-se não com seres individualizados, mas com o *meio*, a parede em que os demais homens perdem suas características pessoais e se transformam em tijolos das incompreensões coletivas.

Explica-se, assim, que afora as figuras centrais, as outras personagens dos *Contos do Imigrante* se apresentem intencionalmente esmaecidas, uma simples notação, um signo impenetrável, sem outra voz exceto um único estribilho, repetido em coro, em todas as conotações: "Fala, gringuinho!" O eco dessa existência impessoal, mas imperativa, ressoa multiforme em todas as narrativas da coletânea, agita a "consciência de asa cortada" de Estevão Albuquerque, descobre ao solitário, que tenta agarrar "os pedaços de sua ordem que desmoronava", o malogro final de sua vida, aguça "A Consciência do Mundo" "na solidão dos marginais". E, sob o seu impacto, no anseio de dar a esse som o poder mágico das trombetas de Josué, de articulá-lo como palavra de ligação entre redutos estanques, Rawet ultrapassa as zonas segregadas do tema da imigração e marcha com seus problemas mais profundos e humanos para o coração da "cidade". Só aí, para além do particularismo e da cor local do grupo, encontra as constantes universais a que aspira a sua arte. Uma obra que conduz de maneira tão feliz do acidental para o essencial, sem atentar contra a especificidade artística, deve utilizar um instrumental literário de grande precisão. E de fato, manejando com segurança a difícil arte do conto, Rawet infundiu às suas narrativas a densidade psicológica e a interiorização subjetiva que as situam entre os frutos da experiência da sensibilidade, o que constitui, como o demonstram os mestres da ficção moderna, a condição necessária para a genuinidade da obra de arte e para a presença autêntica, em literatura, do ser humano e de suas dimensões espirituais. Ao mesmo tempo, soube manter a unidade formal da estória, urdindo-a não apenas com o fio manifesto de sua sucessão temporal, mas principalmente com as relações subjacentes aos fatos em si ou à consciência perceptora. Isso o impediu de cair no fragmento episódico e descosido em que tombam tantos pretensos contos modernos (que não passam, no fundo, de meras crônicas impressionistas ou páginas introspectivas) e lhe possibilitou, de outro lado, conceder às suas criações a liberdade lúdica da arte, com o pleno jogo dos elementos da imaginação inventiva. Poder-se-ia acrescentar que Rawet conseguiu esse equilíbrio de modo orgânico e original, sem quaisquer imposições à sua pena de escritor, graças a um uso inteligente da marcação teatral que, indicando como uma senha, um sinal, o ponto de referência do meio externo, facilitou-lhe a penetração imediata nas tensões dos ambientes e na intimidade vivencial dos personagens, desnudando seus dramas. Tal processo contrapontístico, servido por um estilo que busca no vocábulo justo e insubstituível, na frase breve e sincopada, uma ressonância metálica que deixa à sua passagem vibrações sugestivas, que tecem como lançadeiras o sentido de realidades à primeira vista herméticas, corresponde plenamente ao foco central do interesse do autor: o homem, esse Prometeu da consciência.

IMIGRANTES JUDEUS/ESCRITORES BRASILEIROS

De há muito que literaturas continentais, como é o caso da brasileira, não podem ficar restritas ao conceito de literatura nacional que o romantismo elaborou e que a busca de autonomia dos múltiplos grupos e etnias firmou no mundo moderno. Imigração, transferências maciças, irrupções culturais em escala imprevista pelos ideólogos dos nacionalismos literários *stricto sensu*, que os tomam por identidade de cultura, ampliaram e transformaram, nesses grandes espaços, os agentes e os fatores culturais em interação na dinâmica de readaptação, conflito e confronto. Por isso mesmo, pode-se dizer que, das diferentes tradições, independentemente do impacto dos elementos por elas carreados no processo contemporâneo, permaneceu como fulcro principal a língua dominante. Cabe falar hoje, com legitimidade, de uma literatura franco-africana, franco-árabe, indo-inglesa, afro-americana ou americano-hispânica, assim como se nomeava a particularidade da criação literária alemã em Praga, por exemplo, nas primeiras décadas do século XX. E não há dúvida de que os fatores componentes trazem uma diferença e um enriquecimento, não só socioantropológicos, como, por vezes, artísticos, da máxima relevância. Nesse sentido, consignar a presença de uma produção judaica, sobretudo de origem asquenazita, no Brasil moderno, constitui não apenas uma reivindicação do direito à diferença como um fato cultural e literário de importância – da mesma importância que, por exemplo, o crescente realce do elemento afro-brasileiro, no conjunto de nossa cultura. No caso judaico, em especial, dadas as características do grupo e de seus desdobramentos históricos e geográficos, não seria excessivo dizer que a sua ausência, sim, deveria espantar. Mas Regina Igel mostra no seu trabalho que não há por que temer por essa privação.

Fruto de uma pesquisa minuciosa desenvolvida ao longo de vários anos por uma especialista em literatura brasileira, muito familiarizada por origem e estudos específicos com o processo literário judaico em sua ramificação internacional, *Imigrantes Judeus/Escritores Brasileiros* é uma obra pioneira na investigação acadêmica das nossas letras, proporcionando ao leitor de língua portuguesa a primeira reunião do corpus literário e a respectiva avaliação crítica da escritura narrativa judaico-brasileira. No seu trabalho, a autora percorreu exaustivamente quase tudo o que os imigrantes e as primeiras gerações de judeus nascidos nestas plagas escreveram, em projeção ficcional, sobre o país de suas vivências e a gente que nele vive.

É evidente que tal literatura desponta sob o impulso da reminiscência. Mas seu caráter memorialístico circunscreve-se, na maior parte, à fase inaugural. Assim, não só em função de outras experiências históricas do grupo, como a tragédia do judaísmo europeu e as transmutações havidas no Brasil, aspectos também registrados na detecção procedida pela pesquisa, o levantamento é conduzido pela própria natureza da evolução de seu objeto a um novo plano, que adquire sobretudo relevo e contornos próprios a partir da segunda leva de escritores judeus em vernáculo.

Os relatos desse contingente, que têm suas pontas de lança em Rawet e Scliar, para não falar do discutível caso de Clarice Lispector, refletem tanto o processo de integração linguística, cultural e de abrasileiramento e universalização temáticos, quanto o de inserção no discurso literário da modernidade, com sua exploração da subjetividade e das encruzilhadas existenciais, através de técnicas e recursos que falam da sensibilidade e do imaginário do escritor moderno, mas preservando o ângulo particular do enfoque judaico.

Sob esse viés e muitos outros, que envolvem as novas gerações de autores dessa procedência e pontuando motivos da particularidade e da diferença, o quadro que a analista nos apresenta, e cujas raízes históricas são apontadas por Rubens Ricupero em sua esclarecedora introdução, traz valiosos subsídios para uma percepção ampliada da literatura brasileira, com a devida consciência pluralista de seus horizontes no limiar do século xxi.

"TRILOGIA DAS BUSCAS"

Trilogia das Buscas reúne três novelas num corpo que, pode-se dizer, é de um só romance. Esse romance de estreia, no entanto, por novo que seja, é o de um velho lutador. Um homem que dedicou sua vida, desde a adolescência, ao combate pelas causas da justiça social e da liberdade, na visão de uma sociedade sem classes. Portanto, confluem para estas páginas as reflexões e as experiências, as idealizações e os desenganos de quem generosamente, como comunista e internacionalista e, não menos, como brasileiro e judeu, correu e amargou os caminhos do sacrifício, da militância, da clandestinidade e do exílio. Pagou, pois, o direito de falar de suas ideias e de suas ações, dos episódios a que assistiu e de que participou, das armadilhas e dos tropeços do engajamento político, do combate ideológico e das vicissitudes que constituem e desenham uma presença atuante neste nosso mundo tão terrível em suas realidades e tão grandioso em suas utopias. Mas é fora de dúvida que todas essas cauções de uma razão de ser, plena de valores éticos, não bastam para abonar uma produção romanesca em termos de sua validade literária. No lance da criação, o romancista pode cobrir sua aposta artística com a concretude e a qualidade escriturais da obra, penhores de sua transcendência estética, dos universos que ela revela e da iluminação que ela comunica a seus ledores, na intimidade de seu espírito. Mas, nem sempre, é verdade, esse desvelamento se realiza na configuração lapidar que ofusca à primeira vista. Pois, às vezes, isso só se torna possível quando, refazendo-se todo o percurso do texto no desdobramento de suas páginas, surge, ao fim, num contragolpe dramático da relação, a necessidade de o leitor dobrar-se sobre si próprio, para dentro de si mesmo, na procura daquelas sugestões, daquelas perguntas, daquelas instigações que, em forma de imagens e enredos, continuam a prendê-lo ao universo e aos temas propostos pela narrativa, sem que possa desvencilhar-se de sua inquietação. É o que acontece com os relatos de Carlos Frydman. marxismo, Cabala, judaísmo, imigração, ritos e costumes, artigos de fé e dialética ateia, retratos de época brasileiros, judaicos e americanos, crítica partidária e adesões dogmáticas, entregas de amor e atos criminosos entretecem-se numa pletórica exposição e progressão novelística. Não obstante a sucessão de personagens e peripécias, de caracterizações psicológicas e sociais, de interações políticas e históricas que plasmam, sem dúvida, na sua ficcionalidade e projetividade imaginativas, os cenários de nossa existência no mundo moderno, tal como filtrados pela óptica de um militante e pelos ideais do partido – não obstante todos esses elementos de um quebra-cabeças já resolvido, persiste nesses relatos uma busca incessante e inquietante de algo que dinamiza tudo e atrai as suas linhas para um ponto central de gravidade, que é o da busca, a de um homem em busca de si mesmo, numa trilogia de buscas.

ANOTAÇÕES DE UM CAIXEIRO-VIAJANTE

O leitor deste texto de Anatol Rosenfeld talvez fique admirado se souber que foi escrito por um autor que se encontrava no Brasil há não mais de três ou quatro anos e que anteriormente não tivera nenhum contato com a língua portuguesa. Poder-se-ia alegar que o seu conhecimento de latim, francês e outros idiomas lhe dava uma certa vantagem para familiarizar-se com a fala da terra que escolhera para refugiar-se das perseguições antissemitas do nazismo. Mas esse não é o aspecto que se pretende comentar aqui, ainda que se trate de um tema sem dúvida merecedor de consideração. Porém, uma outra feição da crônica ora estampada talvez não seja menos digna de atenção. É não só a percepção aguda do panorama que se oferecia ao olhar, se não deslumbrado, ao menos envolvido pelo espetáculo que se apresentava àquele observador perspicaz, pelo que apreendeu e registrou, sensível, pela sutileza e empatia com que o fez, arguto, já pela penetração de que dá mostras e, com certeza, altamente cultivado, inclusive pelo que deixa perceber e não apenas pelo que diz. O estranho, porém, é que a tudo isso caberia acrescentar um tom que nada tem de pura entrega contemplativa. A todo momento soa entre as palavras um laivo desabusado, dir-se-ia irreverente, que produz não só ironia e crítica, como, inclusive, crítica da crítica. Mas esse traço daquele Anatol Rosenfeld, que viera ter para cá impelido por circunstâncias inteiramente alheias à sua vontade e projeto, que, para poder permanecer aqui e ganhar a vida nesta nova pátria fez o que nunca fizera antes. Ele, o aplicado estudante de filosofia e literatura, que tinha nas obras de pensadores como Kant, Hegel, Husserl, Hartmann, ou em poetas e romancistas como Hölderlin, Kafka, Thomas Mann, entre outros, o seu principal campo de trabalho, precisou pegar na enxada como colono de fazenda e pôr embaixo do braço e carregar por este Brasil afora a mala de caixeiro-viajante, na qual sempre manteve, no entanto, não apenas um livro da safra mais recente da *kultur* germano-europeia, como a pena (melhor dizendo, a caneta-tinteiro) de escritor que ele era e que nem o pó vermelho da estrada, nem os clichês da linguagem comercial o levaram a deixá-la sob o talão de pedidos, assim como tampouco ficou relegado ao segundo plano todo aquele caldo de saberes e de requintado e, às vezes, áspero criticismo que constituíra o seu nutriente nos anos de formação. Mas, embalado nessa bagagem vinha também o espírito travesso daquele Anatol que, mesmo mais tarde, já plenamente integrado na vida cultural paulistana, aparecia somente de vez em quando, entre maneiras sumamente corteses, palavras polidas, ainda que nas comissuras dos lábios e nas pontas do estreito bigode se esgueirasse sempre um sorriso entre malicioso e sarcástico. De fato, por trás do professor ponderado e cultíssimo intelectual que fez ouvir a sua voz e letra na Pauliceia do pós-guerra, como conceituado e respeitado ensaísta, crítico e conferencista de literatura, teatro, cinema, filosofia e artes, repontava, sobretudo para os que tinham maior trato com ele, o atrevido e, não menos vezes, o provocativo jovem intelectual da Berlim de Brecht e Kurt Weil que gostava de discutir e abalar socraticamente opiniões e valores firmados e consagrados, fazendo do humor e da sátira, no jogo do pensamento e da linguagem, um afiado instrumento para colocar em xeque teses e ideologias. E é ele que, mesmo nas brenhas matogrossenses, no calor de Corumbá e dando seu sangue aos mosquitos do rio Paraguai, infunde um toque especial na prosa que então escreveu e que presta um testemunho inestimável não só do que viu, como do que pulsou em seu íntimo.

A FICÇÃO DA VIDA NA VIDA
DA FICÇÃO: ELIEZER LEVIN

Quem quiser saber algum dia como viviam, como pensavam, como sentiam os imigrantes judeus asquenazitas que vieram ao Brasil, sobretudo a partir do fim da Primeira Guerra Mundial, poderá encontrar dados, estatísticas, cifras e documentos em pesquisas acadêmicas. Estas, no entanto, lhe transmitirão não muito mais do que frias enumerações e relações abstratas fixadas em levantamentos e bibliografias ditos objetivos. Mas se isso não lhe bastar, se a sua pergunta vier de uma inquietação mais íntima e sensível, nascida de alguma corda da emoção ou da evocação, da busca de uma possível imagem, de um semblante que talvez certo dia tenha vivido e dito algo que continuou a vibrar através do tempo, de um olhar nascido da existência de todos os dias das criaturas, nas suas pequenas vidas de dor e alegria, na tragicomédia humana e judaica de sua incessante busca de tudo para o encontro do nada, ou do muito pouco, do judeu a inserir-se na realidade dos Brasis de todos os quadrantes, na intimidade de seu eu, de seu espírito, de suas tradições mais entranhadas e possivelmente mais desgastadas, e na exterioridade de seus rituais, de suas faces para o outro, – se for esse o caso, o indagador terá de procurar o mundo, que é objeto de sua procura, nos relatos de Eliezer Levin.

■ ■

Os relatos de Eliezer Levin constituem um conjunto de quadros que transcendem o documento descritivo e se fazem reveladores de seu objeto, principalmente pelo toque do ficcionista que os compõem. Com prosa precisa e narração envolvente ele teceu seus contos e crônicas. Nessas modalidades em que talvez sua pena tenha alcançado um ponto alto de sua arte, a série de vinhetas sobre o Bom Retiro paulistano e o Lar dos Velhos foi particularmente significativa. É claro que quem diz cronista, no Brasil, remete a uma escritura de primorosa tradição, cujos realizadores se chamam Machado de Assis, Rubem Braga, Sérgio Porto, Fernando Sabino, Paulo Mendes Campos, entre outros. Pois bem, sem que se pretenda aqui efetuar qualquer comparação crítica, mas apenas assinalar um horizonte de afinidades, pode-se dizer que Eliezer Levin possuía a veia do gênero e a cultivava nos melhores termos da sugestão, poesia, humor e sensibilidade, que são peculiares ao espírito da boa crônica. Mais ainda, ele nos traz aquilo que ela, com sua linguagem sutil, rápida e flexível costuma aportar: uma incisão inesperada na complexidade movediça, na fugacidade da experiência e da existência dos homens, em suas variadas condições e contextos, na imagem do instante que passa, do pequeno flagrante da surpresa lírica, cômica, trágica e dramática do cotidiano. Nesse viés particular em que o cronista brasileiro incorporava também repasses do contador e contista judeus, desde o relato da *Agadá* e da história hassídica, aos de Scholem Aleichem, Peretz e Bashevis Singer, o que é que se nos apresenta no palco dessa delicada magia da evocação e da configuração? Os semblantes e as histórias de um bairro e de um mundo em rápida transformação no torvelinho da Cosmópolis paulistana – o caracteristicamente judaico, com o seu repertório de figuras e situações, "ditos" e "saídas" tradicionais e às vezes típicos, gravados no anedotário, no folclore e na literatura; mas também o visivelmente mutante no perfil social, cultural e mental do bonretirense judeu, a sua progressiva descaracterização sob o impacto dos processos modernos de achatamento das singularidades, desenhando por essa galeria a fisionomia múltipla e, no entanto, ao fim, tão una, do imigrante judeu, no Brasil.

Tal é o legado que Eliezer Levin enfeixou em *Bom Retiro, Sessão Corrida: Que me Dizes Avozinho?*, *Adeus, Iossl*, *Crônicas de Meu Bairro* e nos numerosos relatos publicados na imprensa judaica. No seu conjunto, essa obra lhe demarca um espaço autoral nas escrituras modernas da literatura brasileira que assume em sua produção cada vez mais as feições da nação multifacetada por ela expressa.

EH, CHE, MOACYR, SCHOLEM ALEIKHEM!

A presença do judeu na literatura de ficção no Brasil ganha figuração específica com três nomes que, em nosso país, leitores e a crítica leram como representativos pela natureza de sua escritura, isto é, dos destaques temáticos, de suas personagens e das peculiaridades de seu estilo. São eles: Clarice Lispector, Samuel Rawet e Moacyr Scliar. É claro que essa representação, direta ou indireta, não se exprimiu unicamente através da pena desses autores, nem foi seu único interesse, mas pode-se dizer, sem exagero, que suas criações em termos de romances, novelas e contos foram as que, até o momento, a tornaram mais sensível, inscrevendo-a obrigatoriamente como uma face da atualidade humana, social e cultural projetada no discurso narrativo de nossas letras.

Sem dúvida, nos três escritores, essa condição e invocação recebem materializações muito diversas, senão até contraditórias, que vão desde uma presença imersa e simbolicamente recalcada (em *A Hora da Estrela* da Macabéa), passa por um aparecimento angustiado e contrafeito (O Profeta, A Prece, Judith, Gringuinho etc.) para chegar a um registro que, sem ocultar o que vem de fora e traz a sua bagagem, os seus modismos, a sua problemática e a sua situação no mundo dos homens, das religiões, das nações e, sobretudo, nesses brasis, com domicílio identitário nas terras pampeiras e no Bom Fim portalegrense, para dizer estou aqui porque nasci aqui ou, como bom gaúcho: "Scholem Aleikhem, passa a cuia com chimarrão". Creio ser este último uma indicação apropriada de como o autor das novelas *O Centauro no Jardim*, *A Majestade do Xingu*, *Guerra no Bom Fim*, *A Estranha Nação de Rafael Mendes* e *Os Deuses de Raquel*, e dos contos *A Balada do Falso Messias*, *Os Profetas*, *Irmãos*, entre tantos outros, se expõe e expôs sua obra ao público. Nela a diversidade não é a do estrangeiro, nem do refugiado, embora eles compareçam com seus problemas e dramas na galeria pintada pelo ficcionista. Simplesmente, estão aí, com o mesmo direito às tragédias e comédias de suas existências, ao onírico e ao fantástico de suas transfigurações e evasões, ao humor scholemaleikhiano, à ironia peretziana de seu português machadiano de Dionélio e de Assis, acentuado pela memória não só afetiva, como cultural do judaísmo, especialmente em sua versão asquenazita-ídiche.

Em verdade, o legado desse médico sanitarista que se debruçou também clinicamente sobre a condição humana, auscultando-a nos aspectos mais íntimos de sua anatomia espiritual e dos delírios imaginativos de suas mentalizações fantásticas e poéticas, é um vasto painel da vida brasileira do século de sua contemporaneidade, em uma narratividade em que se plasmam, em dicção própria, registros de Kafka, Borges, Graciliano Ramos, Érico Veríssimo e, não menos, os da tradição do contista judeu, seja nas suas manifestações tradicionais, seja na de suas metamorfoses modernas, na literatura judaica (ídiche, hebraica e norte-americana).

Entretanto, o ficcionista não totaliza o retrato do homem Moacyr Scliar que, além de sua continuada atuação como médico, trabalhou como jornalista, cultivou a crônica até seus últimos dias, mantendo um contato pessoal e constante com seus leitores, o que tornou a sua figura, sem dúvida, uma das mais populares em nosso meio. Evidenciam-no o preito que lhe prestaram pela imprensa nacional, escrita e eletrônica, muitos de seus pares nas lides intelectuais e literárias, salientando, ao lado do valor artístico de seus escritos, a generosidade e a humanidade de seu caráter. E a esta merecida homenagem e reconhecimento associa-se o autor dessas linhas.

LITERATURA ESTRANGEIRA

GERCHUNOFF

Jerusalém, visão de paz.... Estas são as palavras de Frei Luís de Granada. Visão de paz de um povo sofredor que no fundo dos guetos evocava a silhueta da cidade misteriosa, a cidade dos deuses e das religiões. Jerusalém já não é um lugar na terra, um sítio geográfico, um ponto concreto. É a cidade das cidades, o emblema de todos que percorrem um longo caminho. Quem não sonhou com Jerusalém? Quantas vezes, ante meus olhos ansiosos, ergueu-se a imagem da capital sagrada! Jerusalém, visão de paz... Os profetas a eternizaram, incrustando-a em seu verbo terrível como um diamante numa joia rubra, os sacerdotes a santificaram no átrio do Templo, e Jesus, o último dos judeus que afirmou o caráter universal dos judeus, amaldiçoou-a para destruí-la e destruiu-a para convertê-la no símbolo das redenções humanas.

Jerusalém, visão de paz... De novo te levantas, augusta e magnífica, para cobrir com tua imensa esperança o coração em chagas de um povo que floresce na dor, como a estrela da noite. [Setembro de 1918]

Transcrevemos a crônica acima do livro póstumo de Alberto Gerchunoff, *O Pinho e a Palmeira*. Sob esse título, Manoel Kantor reuniu uma série de escritos judaicos de seu falecido sogro.

Mas não pretendemos comentar aqui *O Pinho e a Palmeira*, pois tal obra é apenas uma pequena parcela da imensa produção literária e jornalística do grande escritor judeu-argentino e, antes de tudo, seria preciso esboçar um quadro geral desse enorme legado, quase desconhecido para o público brasileiro e judaico do Brasil. Tampouco desejamos nos deter sobre as qualidades estilísticas dos escritos de Gerchunoff, em cuja pena se casaram a musicalidade da língua castelhana e o vigor apocalíptico do idioma dos profetas. Não queremos também falar de sua importância nas letras hispano-americanas, onde a sua figura se alinha ao lado de Ruben Dario e Lugones, na revolução literária empreendida em fins do século passado e começo do atual. Não desejamos, ainda, abordar o interessante e histórico fato de que Gerchunoff constitui o marco do reinício da criação cultural judio-hispânica, nas novas condições do mundo e das Américas. (E quantas coisas poderíamos dizer sobre esse assunto, pois o capítulo Sefarad constitui um ponto culminante da literatura e do pensamento judaicos, e foi somente com Gerchunoff, após um interregno de cinco centúrias, que surgiu um judeu à altura daqueles *sefaradim* que figuram entre os formadores e os melhores cultores do idioma de Cervantes?). O nosso objetivo, porém, não é esse.

Pretendemos apenas apelar (e talvez fosse necessário exigir) para que a obra de Gerchunoff – cuja personalidade é quase lendária e cuja atividade jornalística marcou época – não continue sendo no Brasil uma ilustre desconhecida de quem muito se fala, mas pouco se sabe. É preciso que livros como *Os Gaúchos Judeus*, *O Pinho e a Palmeira*, *O Homem Importante*, *O Retorno a D. Quixote* e *La Jofaina Maravillosa* sejam traduzidos para o português e a sua mensagem de cultura, humanismo e judaísmo seja difundida. Não se trata unicamente de uma justa homenagem a um grande escritor e a um homem cujo prestígio moral junto aos estadistas das Américas tanto serviu à causa de Israel na decisiva questão da Palestina, a um homem que era considerado o patriarca da grande coletividade judaica da Argentina, mas, e principalmente, de uma contribuição para a compreensão do papel do judeu na América e para que se possa levantar efetivamente a nova Jerusalém, a "Jerusalém, visão de paz" com a qual Alberto Gerchunoff sonhou e para a qual tanto trabalhou.

UM GAÚCHO NASCIDO NA RÚSSIA

Alberto Gerchunoff declarou, numa breve anotação autobiográfica, que viera ao mundo "em um cantinho de Entre Rios" a 1º de janeiro de 1884. Essa afirmação pode se justificar pelo caráter humorístico da coletânea em que a referência foi inserida e, talvez, mais ainda, por firmar em registro civil um dos traços essenciais de seu perfil literário. Pois, se houve um escritor nas paragens do Prata que fez da "argentinização" do imigrante judeu, não só um ideal remoto, mas uma meta que estaria se realizando a seus olhos, foi ele Alberto Gerchunoff. Pelo menos é a visão, calcada na redenção profética, que fecundou o primeiro enlace de sua pena com o seu temário, anterior à Primeira Guerra Mundial, e que continuou a alimentá-lo, mesmo se com tropeços, na tormentosa década de 1930 e da ascensão do nazifascismo, inclusive na sua sonhada terra da promissão latino-americana.

Na verdade, o ficcionista, o ensaísta, o jornalista e líder comunitário, Alberto Gerchunoff nasceu na Rússia e veio para a América com aproximadamente oito anos de idade. Após várias vicissitudes, a família fixou-se na província de Entre Rios, numa das colônias agrícolas judaicas estabelecidas pelo filantropo e milionário Barão Hirsch. Foi aí que o menino passou os últimos anos da infância, no convívio com a singular mistura local do homem do *schtetl* e do homem dos pampas, que constituiu o chão de suas experiências no novo meio e da busca de uma nova radicação de sua grei. Estas vivências refletir-se-iam intensamente na forma idílica com que iria descrevê-las nos vários relatos que compuseram o seu livro de estreia, publicado em 1910, *Los Gauchos Judios*, um conjunto de narrativas que desde logo se projetou como a primeira obra de real envergadura artística que um autor judeu escreveu na língua de Sefarad depois da expulsão da Espanha. Mas seria parcial ou redutor circunscrever a imagem da produção desse escritor e de sua criação somente ao universo proposto por seu livro inicial que, no entanto, é o primeiro a ocorrer como referência imediata a Gerchunoff e que se tornou, justamente nessa condição, um clássico da literatura argentina. Mesmo porque a própria experiência de vida desse "russo-gaúcho" desde cedo não se limitou ao campo e extrapolou os limites da província.

Ainda adolescente, o futuro homem de letras sentiu-se atraído por outros horizontes mais amplos que a capital parecia oferecer-lhe. Suas peripécias de garoto pobre na cidade grande ele as narrou num esboço autobiográfico, *Cuentos de Ayer*. Em um deles pinta com melancólica nostalgia o primeiro dia de seu esfalfante trabalho como vendedor ambulante pelas ruas de Buenos Aires, o "dia das grandes ganâncias". Ainda assim, apesar desse ingrato tipo de labor, ao qual sucederia ocupação não menos extenuante, que é a de um trabalhador braçal, procurou levar à frente os seus estudos e, a certa altura, começou a dedicar-se ao jornalismo, profissão que o reteve até a morte, em 1950, quando exercia a função de redator-chefe do *La Nacion*, um dos diários mais importantes da república portenha. Também foi professor secundário, funcionário público e esteve na Europa em missão oficial do governo de seu país. Desde início, seus textos e livros puseram em relevo o vigor de estilo, a veia poética, o acento lírico, a adjetivação expressiva, o apelo às imagens bíblicas e uma riqueza de linguagem onde ressoam as mais ricas vozes da literatura espanhola, desde Cervantes.

A mesma feliz combinação entre realidade e sonho, nostalgia e esperança, passado e presente reaparece em seu segundo livro, *La Jofaina Maravillosa*, e percorre como uma filigrana de artísticos lavores que encantam, pela força e harmonia do verbo, o leitor das obras de Alberto Gerchunoff, entre as quais cabe salientar: *Los Amores de Baruch Spinoza; La Asambleia de la Boharadilla; El Hombre que Habló en la Sorbona, El Hombre Importante; Pequeñas Prosas, Breves Diálogos y Cortas Disertaciones; El Pino y la Palmera*. Uma síntese de seu estro literário poderia ser encontrada se fosse caracterizado como o da escritura de um poeta em prosa, embora um capítulo particularmente importante de sua contribuição intelectual esteja também nos artigos e editoriais que estampou na imprensa sobre questões políticas e, em especial, na militância contra o fascismo e o antissemitismo, revelando-se aí e sempre um mestre na esgrima polêmica e na precisão objetiva de suas colocações e argumentações.

Nota: O interesse de sua produção se manifesta continuamente, não só pelas sucessivas edições argentinas, como pelas traduções em outras línguas, cabendo mencionar uma recente e bem cuidada publicação bilíngue hispano-hebraica de *Los Gauchos Judios* em Israel.

O MUNDO DE THOMAS MANN

O universo de um artista e de sua obra é, quase sempre, de difícil acesso e exige uma iniciação e convivência mais ou menos prolongada no complexo jogo de condições objetivas e subjetivas, de motivações e de impulsos que configuram a individualidade e gravam a criação. Dizemos que se trata de uma tarefa árdua, pois toda interpretação contém aquela gama pessoal e deformadora capaz de subverter o objeto de nossa análise, arrastando-a para uma órbita totalmente estranha. Claro que não negamos a possibilidade de uma obra literária, por exemplo, ultrapassar o sentido precípuo e consciente que lhe atribuiu o autor. Mas não cremos que ela possa se desligar do conjunto da personalidade criadora, das raízes profundas do ego artístico que se encontram na origem de todo ato criador. E foi exatamente esse perigo que Anatol Rosenfeld soube evitar na sua excelente exegese da obra de Thomas Mann.

Numa série de palestras realmente brilhantes – e aqui o adjetivo qualifica de fato a nossa impressão – Rosenfeld remontou às fontes primárias do pensamento desse autor. Assim, forneceu uma visão precisa de suas tendências românticas, progressivamente superadas por uma integração na sociedade e nos valores positivos da vida. Sem dúvida, não se trata de uma fusão unitária e inconsciente, mas, sim, de um ajustamento crítico e ativo. Nele, o individualismo e a marginalidade do artista, a sua contínua atração pelo mundo dos sonhos, da morte, do nirvana, não são desprezados, porém ultrapassados. Permanecem como polos, como pontos de referência através dos quais a arte reconhece limites de sua esfera e as suas fronteiras dinâmicas com a existência social, na sua busca de participação humana e realização moral.

À luz desses fatores e de muitos outros, cuja análise não cabe aqui, a obra desse escritor adquire uma estatura verdadeiramente ciclópica e o mundo moderno, bem como a sua complexa problemática, encontra nela um espelho ímpar, que, por outro lado, fornece uma medida da gigantesca personalidade refletora, ou seja, a de Thomas Mann. E a simples penetração no meandro de linhas essenciais e de forças motoras dessa obra e de seu criador, acrescida da clara exposição perante o público, constitui uma tarefa ingrata e delicada, que requer os atributos de cultura e de profunda compreensão que caracterizam as conferências de Anatol Rosenfeld sobre uma das maiores figuras da literatura contemporânea.

HEINE, A PERSONIFICAÇÃO DO PARADOXO

> *Sou judeu, sou cristão. Sou a tragédia, sou a comédia; Heráclito e Demócrito ao mesmo tempo. Um adorador do despotismo como o encarna Napoleão; um admirador do comunismo como o personifica Proudhon. Um latino. Um teutão. Uma besta, um demônio, um deus.*

Essa epígrafe serve, sem dúvida alguma, para caracterizar admiravelmente a figura multifacetada que provocava a perplexidade em seus contemporâneos. Francês na Alemanha, alemão na França, e de fato um espírito europeu, um poeta universal, nascido na Dusseldorf renana, alimentado pelos ideais do Iluminismo e da Revolução Francesa, imbuído das mais arraigadas tradições populares germânicas e de toda a força crítica e normativa da filosofia teuta. Judeu para os cristãos, cristão para os judeus, e na realidade um converso contrário a toda religião positiva que, no íntimo, sempre prosseguiu na busca de Deus, mas que se batiza para obter "um bilhete de ingresso na cultura europeia" e que, no entanto, afirma: "Não escondo o meu judaísmo, ao qual não voltei porque jamais o abandonei". Revolucionário para os conservadores, conservador para os revolucionários, socialista e partidário do "rei-cidadão", mas sempre um democrata adversário do feudalismo e do obscurantismo, advoga "uma república governada por monarquistas ou uma monarquia conduzida por republicanos", protesta contra "o enervante sistema de exploração industrial", mas teme "as forças demoníacas que estão nestas baixas camadas sociais" e, não obstante, é um dos primeiros a cantar a revolta e o nascente poderio do proletariado ("Os Tecelões da Silésia"), embora o desprez e, às vezes, com o aristocrático desdém de príncipe da boêmia intelectual. Último dos românticos em seu próprio conceito ("Sou seu derradeiro poeta, comigo encerra-se a escola lírica alemã"), profetiza com absoluta clarividência o fim do "período artístico"; vanguardeiro da escola nova da "Jovem Alemanha", é um dos primeiros a atacar a poesia tendenciosa político-realista. Heleno, segundo sua própria classificação (os homens são nazarenos ou helenos, isto é, "homens com instintos ascéticos, hostis à *efígie*[1] e ávidos de espiritualização, ou homens dotados da alegria de viver, que se jactam de vigoroso desenvolvimento, homens realistas"), identifica-se com Judá Halevi, o grande vate judeu do medievo, admira Moisés como "um artista dotado de autêntico espírito artístico", modelador de "um povo grande, eterno e santo", de "um monumento que durará mais do que as configurações de bronze" e, no entanto, escreve sobre as obras de Goethe: "Adornam a nossa pátria como as formosas estátuas que decoram um jardim, *mas não são mais do que estátuas*[2]. Podemos nos enamorar delas, mas são estéreis; as poesias de Goethe não engendram a ação como as de Schiller. A ação é o fruto da palavra e as formosas palavras de Goethe são infecundas. *Eis a maldição*

1. Grifo nosso.
2. Idem.

de tudo o que é criado pela arte"³. Detestado pelos alemães por sua mordacidade antigermânica, por seu espírito iconoclasta, por sua ligeireza desenraizada, é o autor de algumas das mais populares poesias da Alemanha, dentre a quais os *Granadeiros* e *Lorelei* se perpetuaram nos lábios das crianças alemãs; mal visto pelos judeus por sua apostasia, pelas flechas que lhes dirigiu, compõe as "Melodias Hebraicas", que figuram sem dúvida entre os mais inspirados e autênticos versos judaicos escritos após o "período de ouro" da literatura hebraica na Espanha; "sibarita das emoções e do intelecto"⁴, definhou na tortura lenta de um nazareno no Gólgota. "Os contrastes estão aqui agudamente emparelhados: a voluptuosidade dos gregos e o pensamento de Deus, da Judeia" (*Für die Mouche*)⁵.

Tantas ideias contrapostas, tantos sentimentos que se digladiam, tantas atitudes que se chocam, e, no entanto, a personalidade que as reúne, qual um caprichoso estuário, surge harmoniosa e individualizada nesse contraponto da volubilidade, coerente consigo própria, quando não com os outros, fundida como uma só peça nos lavores de uma obra perene por suas fases contrastantes, pela desigualdade que a arrasta às desforras irônicas da frustração e a eleva ao êxtase da emoção artística realizada. Como se explica esse mistério, quem é esse homem se não a personificação do paradoxo?

Talvez o seja. Porém, mais do que isso é a encarnação do judeu emancipado (ou melhor, do ilusório início da Emancipação, assim como Kafka o foi de seu trágico fim), do artista e, possivelmente, do homem moderno. Na marginalidade de sua condição, na ambivalência de seus valores, no anseio sempre insatisfeito por sólidas bases e enquadramentos, constituiu-se no cristal vibrátil que recebeu e transmitiu as mensagens mais cifradas, não só da sensibilidade, como do espírito de uma época, e de uma época

---

3. Idem.
4. Ver *Crônica Israelita*, 16-2-1956, artigo de A.H. Rosenfeld.
5. Apud Max Brod, *Heinrich Heine*, Buenos Aires: Imán, 1945, p. 372. Tradução nossa.

em que se fermentaram os fatores, as tendências e os traços fundamentais da sociedade contemporânea – a fecunda primeira metade do século XIX. Assim, em Heine, romantismo e realismo, arte e filosofia, intuição e razão, ironia e devoção, devaneio e frio julgamento, êxtase e ponderação estruturam-se, contraditórios e tumultuários, em alento genial e profético, cuja força desrespeita todos os padrões estabelecidos, rompe todos os quadros, ultrapassa todas as escolas e derruba todos os marcos, em esfuziante dissipação de vitalidade e incansável busca do ideal do justo meio, do arquétipo platônico, do infinito poético. Ele não o atingiu, é certo, mas sua grandeza mede-se pelo ardor da procura.

E esta foi tão veemente e sincera que, hoje, decorridos cem anos de sua morte (nascido em 1797, faleceu em Paris, a 17 de fevereiro de 1856), boa parte de sua obra conserva todo o frescor original e a capacidade de falar aos sentimentos mais íntimos, de transportar à esfera da emoção estética, o que constitui o penhor de sua perpetuação na memória e no coração dos homens.

SOBRE "OS MEUS GLORIOSOS IRMÃOS"

I

A recriação literária dos fatos e personagens históricos é das mais antigas. Os seus primórdios perdem-se na origem dos mitos. Mais tarde ela se confunde com as crônicas, os relatos biográficos, as vidas paralelas etc. Contudo, embora copiosa e ultrapassando amiúde os limites do verossímil, essa produção nunca procura deliberadamente apresentar-se como relato de ficção. Se atinge tal nível, a causa está quase sempre na carência dos dados ou nos excessos de imaginação do narrador. Só com o romantismo, isto é, a partir de Walter Scott, o romance histórico fixa as suas características de gênero à parte. Na época contemporânea, com Sienkiewicz, Feuchtwanger, Asch, Fast e outros e, ao mesmo tempo que a biografia romanceada – Lytton Strachey, Stefan Zweig, E. Ludwig, A. Tolstói – adquire particular impulso. E alcança as alturas da tetralogia de Thomas Mann sobre *José e Seus*

Irmãos, onde não se trata mais de romancear este ou aquele herói, evento ou período, mas a própria filosofia da história, a dinâmica de sua autoconsciência, quer na sua materialização social como cultural e psicológica.

Entretanto, a autonomia literária não desliga o romance histórico de sua fonte vital. Ao contrário, fortalece os seus laços. O acúmulo de conhecimentos e o rigor dos métodos de pesquisa sobrecarregam a recriação, atando-a a um determinado material, destruindo as suas primitivas facilidades, quando o próprio estudo da História não passava às vezes de pintura romanesca. Tal fato propõe vários problemas, entre os quais dois de caráter básico: o da fidelidade à História e o da liberdade de criação artística. Desde logo surge a pergunta: em que medida pode o autor dispor livremente dos acontecimentos e das personagens realmente ocorridos, a fim de configurá-los numa obra literária destituída de pretensões científicas?

Em primeiro lugar, cumpre saber o que distingue o romance sobre um sucesso histórico qualquer da pesquisa histórica propriamente dita. O romance não constitui evidentemente um estudo de história, embora possa às vezes reconstruir com grande fidelidade uma época ou incidente ou, ainda, fornecer notável penetração nas suas motivações individuais ou coletivas. Mas o seu objetivo não é o de se aprofundar em cada esfera da atividade humana e no desenvolvimento geral da sociedade, a fim de determinar as forças que os impulsionam, as formas materiais e culturais que assumem, o comportamento dos homens em geral e dos indivíduos representativos em particular, nas diferentes categorias e setores de ação. Tampouco procura sintetizar, através da observação direta, as leis fundamentais da evolução histórica do homem. Essa missão cabe às disciplinas que analisam o passado. São elas que estudam os vários domínios da História, quer como fatos ocorridos, quer como materiais específicos, quer como partes integrantes de um quadro total.

O romance é simplesmente consumidor dos eventuais resultados obtidos, quando não quer ficar na superfície de uma tradição ou de um dado ou evento utilizados sem espírito crítico. Nesse caso, aproveita, sumaria e valoriza os elementos obtidos por via científica, mas sua tarefa nunca será arqueológica *stricto sensu*. Em *Pedro, o Grande*, por exemplo, Alexei Tolstói pinta em ampla tela os contornos e a figura máxima de uma época, na Rússia setecentista. Seu livro situa-se então no campo da pesquisa histórica? De maneira alguma, nem era o seu intento. Os dados e a concepção dos processos fundamentais vieram também de outras fontes e serviram-lhe de vigamento para um outro tipo de construção – uma obra artística, de ficção narrativa, onde, mais do que apreciar os personagens à luz dos acontecimentos, trata-se de apreciar os acontecimentos à luz dos personagens. Em outros termos, o autor fundiu em moldes artísticos o seu tema. Isto é, deu-lhe unidade literária; estabeleceu um limite consoante às exigências intrínsecas da obra; introduziu uma trama que segue a sequência e os fatos históricos de forma aproximada e nos elementos fundamentais; recompôs, segundo a sua capacidade criadora e o seu estilo particular, os ambientes; presumiu, ou nem isso, os possíveis diálogos à base de anedotas históricas e outros dados; e, para atender às condições de coerência ou de sequência de *seu* livro, preencheu as lacunas – que podem ser maiores do que o realmente dado – com os personagens e situações projetados imaginativamente e cuja única realidade é romanesca.

Assim, Alexei Tolstói, em *Pedro, o Grande*, ao dizer no capítulo I que "Uma luz ligeiramente celeste iluminava a neve", significa isso por acaso que os relatos da época registraram *uma luz ligeiramente celeste*? A resposta é óbvia. Apenas a necessidade descrever o inverno e a associação com as tonalidades hibernais sugeriram-lhe imagens cujo caráter é puramente artístico, poético, e que não se encontrariam em nenhum estudo de história.

Tomemos outro exemplo. No livro de Howard Fast, *Espártaco*, há uma figura de grande importância na economia literária da obra: o gladiador David, o judeu. A história da insurreição dos escravos em Roma antiga menciona tal personagem? Não. E por isso será ele falso? Ao contrário. Baseando-se no rol dos agrupamentos em que os romanos tomaram escravos e no grau de consciência e revolta desses diferentes povos, o escritor não poderia excluir os judeus, cuja participação nos movimentos nacionais e sociais da época foi marcante. Para fazê-lo de forma convincente, do ponto de vista romanesco, para não diluir a relevância do fato, cumpria-lhe individualizá-lo. Assim se explica a criação da personagem David e sua legitimidade artística.

Verificamos, portanto, que o romance histórico decorre no plano artístico, com uma realidade própria e como fruto de condições peculiares de elaboração. Temos aqui, não só a introdução de um novo elemento, a criação pessoal do autor, mas também uma obra que se desenvolve ao nível da síntese imaginativa e não da análise crítica, procurando reconstruir fatos por meios poéticos e não científicos. E, nessa reconstrução, importa reviver ou criar os personagens, segundo as características de seu comportamento social, de seus traços psicológicos, de sua integração positiva ou negativa no palco de sua atividade, da consciência ou inconsciência de seu papel histórico. Na verdade, encontramo-nos ante uma transfiguração estética que reflete a realidade ocorrida, ou transmitida como tal, apenas em sua possível essência e sempre através de expressão adequada. Nesse caso, o problema de "como se diz" situa-se no mesmo plano de "o que se diz".

Por outro lado, é lícito afirmar que o romancista pode fazer o que bem entender? Que o seu trabalho é fruto exclusivo de sua fantasia criadora? É claro que a composição arbitrária, absolutamente sujeita à vontade do autor é, em geral, uma ficção sobre a ficção. Há sempre fatores que condicionam e circunscrevem a invenção artística. O que dizer, então, quando se trata de manejar materiais definidos, episódios acontecidos, figuras de existência e atuação incontestáveis? Como artista, o escritor não é fantoche de seus materiais, mas tampouco é demiurgo da realidade que pretende configurar. Apenas no plano do romance propriamente dito, ele pode ser criador. No mais, o seu campo deve ser demarcado, pelo menos na medida em que estiver preocupado com a verossimilhança e não quiser abusar de seu material. E, nesse sentido, quanto maior o seu conhecimento dos dados, a sua compreensão crítica dos processos, tanto maior será a sua liberdade no tocante à montagem artística.

Mas não podemos esquecer que o romance histórico só alcançará o seu objetivo se conseguir combinar a verdade estética à verdade histórica. Do contrário, cairíamos inevitavelmente numa das duas: se o autor procedesse a uma análise perfeita do período ou da personagem abordados, mas destituída de imaginação, colorido, poesia e intensidade dramática, teríamos, talvez, um bom trabalho de pesquisa; se, ao contrário, escrevesse uma narração com excelentes pinturas de ambientes e tipos, com enredo tenso dramaticamente e apaixonante, com sutis sugestões poéticas e vivos diálogos, estaríamos possivelmente diante de um bom romance, mas sem relação com o tema proposto – fruto exclusivo do talento do escritor. Para não incorrer, pois, na inverdade histórica é preciso conhecer e respeitar os processos e fatos reivindicados pela História e, na medida do possível, os traços psicológicos fundamentais de seus fautores. Mas, observados tais princípios, não só é desejável como imperioso que o estro erga voo, projetando-se no amplo céu do imaginário artístico, onde só prevalecem as leis da expressividade e da autenticidade literárias, do ímpeto criador e da poesia das formas.

II

Examinemos agora a obra de Howard Fast à luz dos conceitos acima expostos. Desejamos saber até que ponto o seu livro obedece aos processos fundamentais, aos traços característicos e aos eventos marcantes do período dos macabeus. Em seguida, veremos quais as liberdades artísticas tomadas pelo autor e se elas se justificam ou não.

Sobre a época, os historiadores dispõem de fontes muito escassas. Além dos chamados livros dos *Macabeus*, dos escritos de Flávio Josefo, da literatura rabínica, existem algumas referências em documentos sírio-helenísticos, romanos e indicações arqueológicas de várias procedências, que, no conjunto, pouco acrescentam à fonte principal.

Na realidade, o material mais importante é de origem judaica. O *Macabeus I* data, provavelmente, dos últimos anos do governo de João Hircano (134-104 a.E.C.), filho de Simão, tendo sido composto por um partidário dos Asmoneus, à base de documentos mais antigos. Os historiadores consideram esse livro uma das melhores crônicas de história judaica, pois, de um modo geral, os autores clássicos confirmam os fatos e as datas aí registrados, devendo-se descontar os exageros no tocante ao número de combatentes empenhados e vitimados nos recontros. O *Macabeu II*, escrito posteriormente, talvez por um judeu de Alexandria, possui um valor histórico inferior ao primeiro: falta-lhe objetividade, precisão e imparcialidade, não apenas sobre os judeus, como sobre as ideias dos fariseus. Finalmente, dispomos das preciosas informações de Flávio Josefo, o reconhecido historiador da Judeia antiga, cujas obras, *Antiguidades* e *A Guerra dos Judeus*, constituem as únicas fontes judaicas seculares; quanto às fontes religiosas, as rabínicas são bastante omissas e o Livro de Daniel demasiado sibilino, em que pese o seu valor como expressão de um estado de espírito. Além disso, temos, evidentemente, a moderna crítica histórica e a sua imensa literatura sobre a fase em apreço.

Comparemos, pois, os dados históricos com as descrições de Howard Fast:

O período compreendido entre a conquista da Palestina por Alexandre, em 330 a.C., até o reinado de Antíoco Epifânio não figura no romance, mesmo porque não interessa ao tema. Há apenas uma ligeira descrição nas páginas 25, 26 e 27 (edição brasileira), resumindo a etapa que se estende desde o fim do domínio dos Ptolomeus até a provável infância dos macabeus, sob o reinado de Selêuco IV

(187-176 a.C.). Mas não é esse o assunto da narração, como o autor afirma: "Não é de nossa infância que desejo vos falar". Entretanto, não deixa de mencionar o início da helenização, sob o sacerdócio de Jasão e as desastrosas campanhas egípcias de Antíoco.

Vejamos, na ordem do texto, os temas cronologicamente tratados:

ASSUNTO	PÁGINAS
Profanação do Templo e Início das Perseguições (169 a.C.)	53-58
Começo da Revolta	98-107
Permissão para Lutar no Sábado	83
As Primeiras Guerrilhas	113-126
Morte de Matatias, Judá Assume o Comando	127-129
A Vitória Sobre Apolônio	155-164
A Vitória Sobre Herão	166
Lutas Contra Górgias e Lísias	171-174
Purificação do Templo	175-178
Campanhas Contra os Idumeus	186
A Vitória de Lísias e a Morte de Eleazar	187-191
Tratado de Paz	195-200
A Vitória de Judá Sobre Nicanor	221-224
Morte de Judá	231-235

Com a morte de Judá, Fast encerra, praticamente, o relato do levante, embora, nas páginas 272-276, apresente um ligeiro sumário das lutas subsequentes; ademais, no prólogo e nas páginas 248-251 existam descrições da Judeia, sob o governo de Simão.

Se estudarmos essa série de dados, verificaremos que, seja na ordem cronológica, seja na ordem de importância dos tópicos, ela confere, de maneira quase total, com as fontes disponíveis. No livro de Fast, registra-se apenas uma incorreção: a questão da embaixada romana. Segundo relato bíblico, Judá, Jonatã e Simão procuraram a aliança com Roma, e não está com os macabeus, como indica *Os Meus Gloriosos Irmãos*. Mais tarde veremos porque o autor inverteu a questão.

Uma vez constatada, *grosso modo*, a quase fidelidade ao que as fontes registram, entremos no mérito do assunto, isto é: qual a interpretação dada aos fatos? Tal interpretação concorda com o que modernamente sabemos sobre o período e os processos que o condicionaram?

Implícita ou explicitamente, Fast oferece o seguinte quadro social da época: os judeus comparecem como um povo constituído, na grande maioria, de pequenos proprietários agrícolas, submetidos a pesadas exações e ameaçados de perder suas terras. Ora, nessas condições, tratava-se de uma sociedade onde o trabalho escravo era limitado, a expansão urbana reduzida, a produção artesanal pouco desenvolvida e o volume de trocas diminuto. Como em toda parte, esse pequeno lavrador situava-se numa espécie de estrato médio na vida social, ao lado do pequeno comerciante, do sacerdote rural e do artífice ainda vinculado ao campo. Além disso, havia também uma massa aldeã e urbana de assalariados, meeiros e camponeses sem terra, bem como, no ápice da pirâmide, uma classe dominante, integrada por grandes proprietários, ricos mercadores e a aristocracia teocrática das famílias de sumo-sacerdotes.

Localizada entre os dois maiores impérios da herança de Alexandre, o Grande, e, sendo a ponte obrigatória na ligação terrestre entre a Ásia e a África, a Palestina tornou-se objeto de disputa dos poderosos Estados helenísticos representados pela Síria e Egito. Após cem anos de jugo egípcio, no século II a.C., o país foi conquistado pelos Selêucidas. Estes, devido às suas contínuas dissensões internas, guerras externas e necessidade constante de labor servil para movimentar a máquina econômica e estatal, eram forçados a impor extorsivos tributos a seus súditos. Assim, em cooperação com parte das camadas dirigentes locais – a outra parte era favorável aos Ptolomeus – oneraram pesadamente a população da Judeia. Os camponeses chegavam a pagar 33% dos produtos da colheita e 50% dos frutos dos pomares; isso, afora as contínuas taxações e as pilhagens dos tesouros do Templo de Jerusalém.

Em conexão com as fabulosas riquezas acumuladas nos templos orientais, os Selêucidas formularam uma política de helenização das religiões em todo o seu vasto domínio. O objetivo era, de um lado, apoderar-se com mais facilidade de tais tesouros. De outro, a helenização visava a homogeneizar culturalmente a verdadeira colcha de retalhos que era o Império Sírio, descaracterizando os povos dominados, destruindo os seus valores, a fim de impor-lhes melhor a autoridade estrangeira do *basileus*. Convém notar que, naquela época, as formas religiosas revestiam em geral o conceito de grupo etno-nacional. Daí a violência do ataque e a crueldade das perseguições promovidas por Antíoco Epifânio contra a religião judaica e a esmagadora maioria do povo com ela identificado. Nessa tarefa, obteve apoio dos aristocratas e sacerdotes entrincheirados na Acra de Jerusalém. Essa facção, no caso, misto de casta e partido, com o auxílio do poder militar sírio, controlava o país, e via na helenização, além da expressão de uma indiscutível superioridade técnica e cultural, um instrumento de conservação política e econômica.

Mas a política de Antíoco chocou-se com o desespero da massa camponesa e com o pietismo dos *hassidim* e dos sacerdotes de grau inferior. De ambos os fatores, sobretudo, é que nasceu a revolta dos macabeus, como Howard Fast expõe, claramente, nos dois primeiros capítulos de seu livro, em consonância com a análise da maioria dos historiadores modernos.

Esse conflito armado apresenta características novas em relação às guerras da Antiguidade. Trata-se, como o romancista afiança na Introdução, em certo sentido, da "primeira luta moderna pela liberdade". É claro que os macabeus não tinham um conceito moderno de liberdade. Mas, a sua rebelião e a forma pela qual a conduziram, só poderiam vingar se a bandeira de Judá encontrasse apoio na imensa maioria da população. E a prova de que ela reuniu tal sufrágio está em que, na primeira fase da sublevação, até a rededicação do Templo, todas as camadas, indistintamente, congregaram-se em torno do macabeu. Só mais tarde, após o triunfo de Lísias, parte dos setores intermediários, levitas e mercadores, bem como parte dos *hassidim* titubearam, forçando a conclusão da paz. Ora, uma resistência desse gênero, nacional e social, embora expressa em termos religiosos, era então única. Os embates entre as cidades gregas jamais atingiram um tal caráter. Pela primeira vez, uma luta de libertação encontrava uma fórmula como esta: "A melhor forma de obediência a Deus é a resistência à tirania". Mas, isso supõe um grau de consciência das próprias reivindicações que superava os limitados lemas das diferentes revoltas até então verificadas, e continha um elemento de generalização capaz de servir em qualquer época.

Nessa possibilidade de uma existência atual, "para nós", acima de uma ocorrência particular e perdida no passado, é que reside, na opinião de Fast, a contribuição dos macabeus à "infinda luta pela liberdade e dignidade humanas". Se, mais tarde, "os descendentes de Judá Macabeu ficaram embriagados pelo poder e firmaram pactos com malignos aliados", cabe à história julgá-los e aos homens tirar as devidas conclusões. Mas, quanto a Judá Macabeu propriamente dito, mesmo que sua atuação visasse a propósitos cujos vestígios a História apagou, resta-nos sempre o incontestado valor da lenda que se constituiu à volta de sua figura e que é uma lenda de coragem, de luta incansável e de sacrifício da própria vida.

É verdade que Fast concebeu Judá, não como personagem psicologicamente individuada, mas como simbolização de um líder que é, ao mesmo tempo, a representação da ação consciente da vontade do povo. Daí a distância que o vulto de Judá vai adquirindo na obra. Ele é cada vez menos um homem entre outros e cada vez mais um mito, a encarnação de uma luta e de uma época. E perguntamos nós, não é essa a personalidade autêntica de Judá, a sua "realidade", tal como a encaramos em nossos dias? Para contrabalançar o estereótipo lendário, Fast necessitava de um protagonista humano, em que vibrasse a nossa empatia. Tal figura é Simão. E Simão e Judá, como ramos de uma mesma árvore, que se chocam batidos pelo vento, revelam o vigor e a consistência do tronco que os sustenta: é o velho *adon* Matatias, cujas raízes residem nas profundezas da coletividade e cuja resistência e inflexibilidade são o próprio poder de sobrevivência do povo.

Os três, coadjuvados por Rubens, o ferreiro, Adão ben Lázaro, uma espinha que não se curva, por Rabi Ragesch, o intelectual, por Rute, uma idealização das virtudes da mulher do povo, e pelos três outros macabeus traduzem toda uma estrutura social, que culmina na cúpula do Segundo Templo e que sofre o impacto político e cultural de uma colossal organização política e econômica, cujas tendências são inteiramente desnudadas no relatório que o Legado Silanus envia ao Senado de Roma. E quando Fast, num golpe de mestre, interrompe a narrativa de Simão, a fim de introduzir Silanus, aparentemente comete um erro de história, criando uma personagem e um relatório absolutamente imaginários. Mas esse mesmo Legado e esse mesmo relatório, vistos em perspectiva histórica, são tão reais como o drama da irreconciliável oposição entre uma sociedade de pequenos proprietários livres e outra, baseada no latifúndio, no trabalho escravo e na expansão militar. Uma delas teria de sucumbir. E sucumbiu aquela cujas formas materiais eram mais atrasadas. Mas, com o fito de caracterizar esse conflito, isto é, um processo vital da História Antiga, Fast ousou, e com razão, alterar alguns dados do registro histórico fatual. Com isso, todavia, seu livro ganhou, se não historicidade maior, altitude e horizonte, o que é mais do que uma simples licença artística.

De tudo o que dissemos, podemos deduzir que, na medida do possível, Howard Fast nos deu um quadro dos processos e dos acontecimentos fundamentais, com personagens pintados em sua perspectiva histórica, reunindo a eles elementos de romance e poesia, de folclore – a história da mulher que não podia chorar – e de tradição, num estilo que arrebata o leitor e o transporta à Judeia dos macabeus, ou a seu sonho.

EM BUSCA DA REALIDADE HISTÓRICA

O campo da novela histórica presta-se a toda sorte de prestidigitações, graças à própria natureza dos fatos históricos (os quais destacados de seu contexto sempre admitem um encadeamento – uma *interpretação* – aparentemente lógica e real, mas na verdade falsa e arbitrária) – e ao inegável apelo aos excessos da fantasia. Assim, vemos surgir nesse domínio uma série suntuosa de romances, encimados por títulos pomposos e prenunciando vastos painéis, quando não passam, como certas fitas, de cenários de papelão mal pintados, cuja mentira transparece mesmo aos cegos.

Entretanto, há esforços sérios de reconstituir os lances marcantes da história, através de uma visão – não de uma composição, é claro – crítica dos fatores e das situações. Nessa linha figura, sem dúvida e em primeira plana, a obra de Howard Fast.

Dotado de grande facilidade narrativa e armado de uma análise segura dos processos em seus traços gerais, infunde a seus livros o sopro grandioso, mas não grandiloquente, dos momentos cruciais, sem atentar contra o verossímil, apesar da licença poética. Destarte, como uma peculiaridade toda sua, consegue realizar o difícil casamento entre a épica e a crítica. Sem perder o entusiasmo pelos heróis representativos da humanidade, por suas imortais contribuições, consegue distinguir e examinar a estrutura e a dinâmica social que os condiciona. E, no entanto, a figura heroica não sofre restrições. Ao contrário, ganha uma liberdade apenas limitada pela imaginação criadora, pois, ao consubstanciar os imperativos de determinada conjuntura histórica, transcende, nas asas da lenda, a situação concreta e transforma-se no símbolo eternamente renovado e engrandecido de uma fase do processo social e humano.

Com esse método escreveu as páginas gloriosas dos *Gloriosos Irmãos* e o impressionante relato da luta dos escravos por sua liberdade. *Espártaco* é o título dessa última obra. Após uma viva apresentação da sociedade romana ao tempo da revolta servil, onde disseca as bases do imperialismo romano (latifúndio, trabalho escravo etc.) e o modo de existência, bem como a mentalidade das classes dominantes, Fast começa a introduzir o tema do herói que, como no caso de Judá Macabeu, configura o protesto armado das classes e dos povos subjugados e explorados por esse regime. E novamente o líder, o condutor, a expressão, surge das profundezas da vida social, numa lenta, mas contínua, formulação de seu papel histórico. E novamente o seu vulto aproxima-se apenas o suficiente para dar uma noção de sua generalidade, de sua universalidade, da multidão de fatores nele cristalizados. Aos poucos, o símbolo-herói desenvolve a plenitude de seu potencial de expressão coletiva. Os seus sofrimentos, os seus anseios são os do grupo de homens que nele se representa e adquire autoconsciência – os seus músculos são históricos e comunais, a sua luta e o seu fim são tão irremediáveis como o processo social em curso e como a situação relativa de seus fatores determinantes.

Entretanto, essa busca de realidade, ou melhor, de objetividade histórica, não se realiza através da mera pintura – no fundo estática – das características e do papel do líder. Assim, com o fito de desnudar o autêntico caráter das guerras servis, a dinâmica de seus elementos, a verdadeira estatura de Espártaco e das demais personagens, Fast recorre à evocação das figuras exponenciais de Roma, o que lhe proporciona, de pronto, os interesses objetivos, bem como a reação subjetiva e a atitude crítica de uma das categorias do conflito, ou seja, de uma face necessária da moeda, de um dos elementos componentes do processo, do fato e, portanto, da realidade histórica, tal como podemos visualizá-la em nossos dias.

ENTRE DOIS VERSÍCULOS

"Sendo *menino* já grande, ela o trouxe à filha do Faraó, a qual o adotou por filho, e lhe chamou Moisés, dizendo: Porque das águas o tirei. Por aqueles dias, sendo Moisés já *homem* saiu a ter com seus irmãos, e para as suas cargas atentou" (*Êxodo* 2, 10-11). Foi entre esses dois versículos, no vão entre os marcos biográficos que assinalam – como indica o nosso grifo – a adolescência e a virilidade do herói bíblico, que Howard Fast inseriu todo o relato de sua versão romanesca de Moisés[6].

É curioso que tomasse tal partido, sobretudo quando se considera como a personalidade mosaica se nos apresenta. Para nós, ela está entre o mito e a história, consubstanciando ao mesmo tempo um processo de "mitificação da história" e de "historicização do mito". De um lado, é inegável que a gênese de sua lenda reside num "acontecimento", numa

---

6. *Moses, Prince of Egypt*, New York: Bantam, 1960.

experiência "do que comoveu a alma dos que estiveram presentes", na memória de "fatos vitalmente importantes para a tribo", sendo a sua historicidade inconteste, como entende Martin Buber (*Moisés*); de outro, não é menos verdade que as gerações recobriram-na de tessitura mítica tão espessa que até certo ponto é impossível penetrá-la, distinguir precisamente por trás dos véus, o primitivo do tardio, o original do contrafeito, o vivido do imaginado, em suma o "real" do "lendário". Nessas condições, a figura do grande mediador, através do qual Israel começou a emergir do poço do indiferenciado e a realizar-se como projeto histórico, só pode ser visualizada, em boa parte, em sua cristalização simbólica. Está condenada à fixidez, à sua própria predestinação.

Não é por outro motivo que Scholem Asch, ao abordar a mesma personagem, no *Moisés*, escreveu à guisa de introito: "A verdade não é o que aconteceu, mas o que veio a ser. O acontecido é a semente que o tempo lança na terra. A semente apodrece e se perde; o que dela brota torna-se a verdade. Pois a verdade brota da terra". E realmente o autor de *O Nazareno* focaliza o herói mosaico à luz de seu destino histórico. Iniciando o romance com a volta de Moisés, depois que ele abate o feitor egípcio, isto é, precisamente no fim do versículo 11, propõe-nos a face consagrada pela tradição e pela lenda. Não que falte a Asch imaginação criadora, pois a tinha de sobejo, mas ele se coloca no único ângulo que, para nós, pode ser tido como real, assegurado como está pelo texto bíblico.

Ora, é a esse contexto que Howard Fast escapa pela entrelinha, ao circunscrever-se ao jovem Moisés, ou seja, à fase mais obscura da vida deste, segundo a nossa fonte, que é o *Antigo Testamento*. E fá-lo, cremos, exatamente porque pretende alicerçar a personagem na sua efetiva realidade histórica, social e cultural. Ao contrário de todos os que romancearam o mesmo tema, não quer renunciar ao herói de "carne e osso", com biografia, psicologia e condições humanas, reduzindo-a ao intermediário divino, ao ser intemporal dos reinos fabulosos. Trata-se, na verdade, de despi-lo das esplendorosas roupagens legendárias, de secularizá-lo, de certa maneira. Não que o autor abra mão do iluminado religioso, do guia inspirado. Mas o que lhe interessa fundamentalmente são as raízes terrenas do futuro "colaborador de Jeová". Procura a origem de sua aura, não em constelações misteriosas, porém no solo histórico do Egito, nas condições, na paisagem, nos costumes, nas classes da terra do Nilo, sob Ramsés II. Nele é que Howard Fast deseja implantar o *Moisés, Príncipe do Egito*.

Para tanto, vale-se da rica messe de informações que lhe fornece a egiptologia. Com os seus dados, põe-se a erigir uma estrutura romanesca que se ajuste *verossimilmente* – se isso é possível na ficção histórica – ao vão existente na passagem bíblica. O Egito do grande Faraó é ressuscitado. Não apenas em seu aspecto monumental, arquitetônico. Muito embora palácios e templos surjam com a imponência das salas hipostilas e dos hieróglifos descomunais, da prodigiosa estatuária e das câmaras mortuárias equipadas para a eternidade, não são tais reconstituições que mais o atraem. Sem deixar de empregá-las, pensando provavelmente no cinema, evita, em boa parte, no livro, o perigo do *grand décor* e do exotismo barato, espetacular, que é muito frequente nesse gênero de romance. Fast, entretanto, preocupa-se principalmente com os homens que vivem nestes cenários. E mais uma vez o ponto central não está na bizarria dos costumes antigos. Trajes, cabeleiras, ritos, tais como o cromatismo fácil de mercado persa, são menos relevantes, para o autor, do que as relações sociais, suas tensões e ideologias, vistas através de figuras representativas.

O quadro assim composto nos é bastante familiar: sociedade tão piramidal quanto os seus colossos de pedra, o Egito assentava, ao tempo de Ramsés, na massa de escravos e camponeses, quase convertidos em servos da gleba. No vértice, encontrava-se o rei-deus, acolitado pela casta dirigente. Até aí, o esquema tradicional dessas monarquias. Fast, porém, dá-lhe particular dinamismo, com a sua vigorosa caracterização de uma camada que, embora intimamente ligada à primeira, não é de extração aristocrática. São os quadros intelectuais, técnicos, artísticos e burocráticos. Forças vivas de origem popular nesse reino dos mortos, teriam propiciado a revolução de Amenófis IV-Akhenáton, que pretendeu estabelecer o culto do deus único Sol-Aton, entronando-o no lugar do numeroso e milenar panteão egípcio. Morto o reformador, cujas bases eram das mais frágeis, voltou a fortalecer-se paulatinamente o culto tradicional, até que a dinastia raméssida o restabeleceu na plenitude de suas prerrogativas e majestade. A reação que então se verificou contra os fiéis de Aton teria golpeado profundamente esse elemento progressista e concorrido para o declínio do Novo Império, que vergou, com o "Luís XIV" egípcio, sob o peso de sua fúria edificadora, do fausto e da luxúria de sua corte. Mas ainda assim, verdadeiro motor do devir histórico, teria essa elite intelectual produzido, no homem que gravou as Tábuas da Lei, um fruto principal de seu saber e de sua cosmovisão.

Eis, portanto, um Moisés fundamentado quanto ao meio e à época, verossímil e possível em relação à História. Resta dar-lhe vida pessoal, fundamentá-lo psicologicamente. Howard Fast motiva o seu herói como uma espécie de bastardo nobre, inquieto, desajustado, descontente (dir-se-ia um intelectual moderno!). É uma criatura que não consegue se encontrar na corte, na condição principesca, a qual o incomoda como uma roupa mal ajustada, como se um espírito atávico o perseguisse e lhe segredasse: "Não és príncipe, mas levita". Ele sente-se diferente, destinado. É um marginal que carrega a sua marginalidade íntima no estranho sentimento de não pertinência e a externa no "meio nome" que o "marca" e "demarca". Em essência, trata-se de uma personagem em busca de definição, de autodefinição constitutiva.

Não há dúvida que tal tratamento humaniza e moderniza o vulto do grande mediador. Porém, a que preço? Descido do pedestal, o caráter lendário é diminuído e mesmo amesquinhando, redundando num mocinho de cinema que busca às tontas, e um bocado teatralmente, a pele mosaica. O sopro real que se pretendeu infundir-lhe é tão incerto, tão irreal, quanto o bordado mítico que se acumulou à sua volta, o qual conta, no entanto, a seu favor, com a objetividade, não do que "foi", impossível de se apreender, mas do que "veio a ser". Basta atentar para o jogo que transforma a predestinação mítico-religiosa em processo empírico-histórico, para compreender quão frágil é, no caso, a tentativa de chegar à realidade. Pois ela se ergue concretamente no vazio, no vazio entre dois versículos.

MAX BROD

Autor e compositor (1884-1968), nasceu em Praga e escreveu em língua alemã. Formado em Direito, pertenceu ao serviço público tcheco. Em 1924, ingressou no *Prager Tageblatt*, como editor de música e teatro. Foi um dos fundadores do Conselho Nacional dos Judeus da Tchecoslováquia, em 1918, e teve atuação destacada no movimento sionista. Em 1939, com a ascensão do nazismo e dando curso a um projeto de há muito acalentado, fixou-se em Tel Aviv, onde continuou a desenvolver o seu trabalho literário e tomou parte na vida cultural israelense como crítico de música e conselheiro do teatro Habima.

Brod escreveu poesia, ficção narrativa, peças de teatro, crítica literária e musical, além de larga ensaística sobre temas de filosofia, política, teatro e sionismo. Seu pensamento teve na questão da crença em Deus e do mal subsistente no mundo o eixo de suas indagações espirituais, desembocando num dualismo em que ressalta a quase impossibilidade de conciliar os dois termos da oposição, embora, nem por isso, o homem esteja isento da tarefa de empenhar-se com todas as suas energias para chegar à perfeição. Estas ideias, sob a forma das concepções e das relações filosófico-religiosas, são expostas especialmente em *Paganismo, Cristianismo e Judaísmo*[7], nos quais caracteriza o primeiro como continuação, o segundo como negação e o terceiro como milagre deste mundo, uma via e etapa crítica contraposta às duas outras mundividências e, ao mesmo tempo, como parte integrante de uma busca humana comum.

Na produção desse autor, que alcançou renome muito antes de seu hoje quase lendário amigo, Kafka, figuram uma vintena de obras romanescas, parte das quais ligadas a temas históricos. Tais são o *Castelo de Nornepygge*, 1908; *Arnold Beer: O Destino de um Judeu*, 1912; *O Caminho de Tycho Brahe ao Encontro de Deus*, 1916; *Reubeni, Príncipe dos Judeus*, 1925; *Galilei no Cárcere*, 1948; *Unambo*, sobre a guerra de Iidependência de Israel, 1949; *O Mestre*, sobre Jesus, 1949; *Pobre Cícero*, 1955; *A Mulher Proibida*, 1960. Compôs ainda várias peças de teatro (*Uma Rainha Ester*, 1918; *A Salvadora*, 1919; *Os Falsários*, 1920) e uma biografia de Heine, em 1934.

Companheiro de estudos de Franz Kafka, Max Brod percebeu muito cedo a extraordinária qualidade literária dos escritos de seu amigo e o incentivou a continuar produzindo-os, no curso das sucessivas crises e incertezas que assaltaram o seu amigo, a cujo respeito compôs inclusive uma novela, *Reino Encantado do Amor*, 1928. E, como é conhecido, desrespeitou a vontade do autor de *O Castelo*, dando a público os seus textos, mesmo os inacabados, e as suas reflexões e seus diários, a partir dos anos 30, tendo também escrito uma biografia sobre Kafka. A Brod também se deve a revelação do valor de Jaroslav Hasek, autor de *O Bom Soldado Schweik*, bem como dos compositores

---

7. *Heidentum, Christentum und Judentum*, München: K. Wolff, 1921. Coletânea de artigos em dois volumes.

Leo Janacek, cuja biografia publicou em 1924-1925, e de Jaromir Weinberger.

Sua presença também é assinalada no âmbito hebreu, não apenas sob a forma de obras traduzidas. Em colaboração com Schin Schalom, compôs *Schaul, Melekh Israel* ("Saul, Rei de Israel", 1944) e o libreto para a opera de Marc Lavry, *Dan ha-Schomer* ("Dan, o Guardião", 1945). Suas composições musicais compreendem peças para piano, canções, um quinteto para piano, um *Requiem hebraicum*, com versos de Schin Schalom, e danças israelenses. Nos últimos anos de vida, redigiu uma autobiografia, *Uma Vida Combativa*, 1960, e textos de reminiscências, *O Círculo de Praga*, 1967.

A avaliação do real contributo de Brod tem sido ensombrecida pela presença de seu genial amigo e pelo papel que exerceu na divulgação e interpretação da obra de Kafka. Houve, poder-se-ia dizer, sobretudo nos anos após a Segunda Guerra Mundial, uma progressão inversa. Se a fama do autor de *A Metamorfose* agigantou-se, a de seu companheiro foi reduzida, pela polêmica e pelas incompreensões, ao *status* de anã. Agora, porém, parece chegado um momento menos apaixonado nesse processo e talvez se possa fazer-lhe justiça, uma justiça que sua múltipla e rica atuação merece. Foi um espírito expressivo não só do círculo de Praga, na sua encruzilhada tcheco-judio-alemã, mas das buscas de uma geração que se recusou, por todos os meios, à subserviência artística, cultural e política.

APÓCRIFOS DE TCHÁPEK
OU A BUSCA DA ARCA PERDIDA

Como a maioria dos leitores brasileiros (com exceção de Nelson Ascher e Aleksandar Javanovic), sei muito pouco a respeito da literatura centro- e mesmo leste-europeia. Kundera e o atual presidente da república tcheca, Václav Havel, por tchecos que sejam, não bastam. Eles falam muito francês. É claro que li um pouco de Kafka. Mas como disse algum dia Vilém Flusser: quem não viveu em Praga nada pode entender de Kafka. E o Golem foi infelizmente reduzido a cacos de barro na velha sinagoga de Praga pelo Rabi Loev, que levou consigo o segredo do Tetragrama. Também é verdade que passei olhos pelas peripécias do *Bravo Soldado Schveik*, de Iaroslav Hasek, cuja maior virtude era ficar calado. De modo que me sinto perfeitamente à vontade para não só saudar a Coleção Leste, dirigida por Nelson Ascher, como para comentar as *Histórias Apócrifas*, de Karel Tchápek, da Editora 34. Com referência à coleção, eu o faço porque certamente nos vai revelar um mundo desconhecido e por isso mesmo fascinante em seu mistério cultural para nós. E o que buscamos na literatura senão a chave dos enigmas das personalidades culturais e dos segredos da alma humana e de sua ação? O Nome da Rosa! Quanto a Karel Tchápek, minha perplexidade em relação a ele vinha do futuro, isto é, de *R.U.R.* Eu não suspeitava que o passado era para ele não menos problemático ou melhor, apócrifo, pois o Robô seria a pseudoepígrafa humana do projeto do homem de amanhã, a vacuidade mecânica e tecnológica do mito da modernidade. E agora pude ver que o mesmo vazio, sob a forma da comédia dos erros humanos e dos heróis à la Luís XIV com seus *pots de chambre*, torna perfeitamente oca as figuras e os eventos exemplares da aventura histórica dos homens. Com o seu humor e mais ainda com o seu pendor para o flagrante grotesco, Tchápek faz da linguagem o instrumento que revela o apócrifo da verdade que é a verdade do apócrifo... Assim sendo, quer nos contos de Prometeu, de Lot, de Alexandre, de Cristo ou de São Francisco de Assis, ele está nos falando verdadeiramente da estupefação shakespeariana, hamletiana, do teatro dos sentidos, das ideias, das crenças heroificadas pelos tempos no plano alto da tragédia e desmascaradas, pelo mesmo tempo, no plano baixo da comédia. Tchápek-Hamlet *dixit*: "melhor desmascará--los para a eternidade e, com eles, todos os seres humanos e toda a podridão em que estão suspensos"; ou, em outras palavras: "Há algo de podre no reino da Dinamarca". Portanto, ele não nos revela mais do que aquilo que já sabemos a respeito de nós próprios e que nos intriga tão profundamente que o retomamos sempre, estultamente, a ponto de nos levar a fazer literatura, teatro, arte, filosofia etc. Ora, essa redução ao nada ou ao muito pouco, impalpável, é um motivo ou uma atração indeclinável para nos engajarmos na expedição à arca perdida. E, como já conhecemos de antemão a nulidade da busca, o chamariz para nos atirarmos a uma nova expedição pelas páginas deste pequeno guia apócrifo de histórias da História, é exatamente o mistério de sua vacuidade. Leiam-no, pois, que voltarão a encontrar-se consigo próprios na condição de outros. Mesmo porque foi assim que Pôncio virou Pilatos na crucificação.

■ ■

P.S.: Aleksander Javanovic nos proporcionou uma tradução não só direta do tcheco como impecável em português, o que não o exime do "cochilo" de transliterar, numa das notas, *peruschim* (fariseus) por *perusim* e tampouco de acolher, na nota seguinte, uma conceituação sobre os fariseus que os define por oposição, *ipsis verbis*, "aos outros" (que outros?).

KAFKA E O SEU CONTEXTO SOCIAL

A obra de Franz Kafka, que tão profunda influência exerceu na literatura moderna, situando-se numa altura onde só encontramos as produções de Proust, Joyce e Mann, é um campo de surpresas, em que o leitor desprevenido se depara a todo momento com parábolas, paradoxos, aforismas e fragmentos que desafiam a compreensão imediata, embora falem instantaneamente à sensibilidade, criando um tumulto de reações e impressões que se debatem em busca de uma racionalização. Fica-se como que perdido naquele mundo aparentemente desprovido de latitudes e longitudes históricas, geográficas e sociais, onde reina um estranho encantamento e o domínio todo-poderoso de forças inqualificáveis, esquisitamente ameaçadoras, que destroem o curso rotineiro das coisas e semeiam a incerteza e a insegurança. Um *fatum* cego determina a irrealização de uma humanidade sem categorias, indistinta, desarraigada de qualquer chão material e de qualquer atividade prática, entregue apenas à reflexão sobre a sua impotência, à percepção da intransponível armadilha em que se acha encurralada. É o império da marginalidade e da angústia do homem expulso dos quadros da normalidade e do cotidiano, submetido, sem culpa, a um misterioso processo.

Entretanto, seria inconsequente e unilateral qualquer interpretação que se baseasse apenas nesse negativo em que se delineiam, à primeira vista, tão-somente os desajustes e as visões de uma personalidade neurótica. Para uma compreensão mais geral da obra de Kafka, é mister revelar o positivo de sua procedência nacional e cultural e desnudar, assim, os fundamentos ocultos de seus climas fantasmagóricos e de suas personagens desenraizadas. E de fato, sem maior aprofundamento na questão, a simples análise de algumas constantes desse universo – a instabilidade, o medo, a ambivalência, a contínua procura de uma segurança inatingível, a marginalidade etc. – indica a presença transfigurada de sentimentos e problemas que nascem de conflitos e choques da vida em sociedade, que se desenvolvem no plano histórico e temporal de situações concretas e que não poderiam originar-se de meras elucubrações de um só espírito, por mais febricitante e inventivo que fosse.

Na realidade, a obra de Kafka apresenta-se como um documento paradoxal da crise de nossa sociedade. Escrita na véspera e durante a Primeira Guerra Mundial, por um judeu emancipado mas consciente do trágico malogro dessa emancipação, por um profissional liberal que detesta a sua profissão, por um revoltado incapaz de dar vazão física ou prática à sua revolta, por um autor de língua alemã que vivia num ambiente eslavo, esse documento recolhe e sublima em plano metafísico o drama das classes intermediárias desnorteadas em meio ao desmoronar da velha ordem de coisas, dos grupos minoritários mecanicamente desnacionalizados e esmagados em sua personalidade cultural, das atividades sociais marginalizadas e desvitalizadas, das individualidades ilhadas nas fermentações de seu ego. Nele, através de toda a sua complexidade, de toda a sua simbologia quase cabalística, estampa-se um retrato deveras nítido do judeu, do intelectual e, numa última e principal transcendência, do assim chamado homem de classe média. Por uma singular confluência de fatores, Kafka reuniu todos esses fatores em sua pessoa e por um estranho destino literário expressou-os na plenitude de suas agonias espirituais e morais, na vivência integral de seus desajustamentos sociais, nacionais, culturais e psicológicos, e nas próprias peculiaridades de sua criação artística.

KAFKA E O RATO

– Ai – dizia o rato – o mundo se torna cada dia mais pequeno. Primeiro era tão amplo que eu tinha medo, seguia adiante e sentia-me feliz ao ver à distância, à direita, e à esquerda, alguns muros, mas esses longos muros se precipitam tão velozmente uns sobre os outros que já estou no último quarto, e ali no canto, está a armadilha para a qual vou. – Apenas tens que mudar a direção de tua marcha – disse o gato, e o comeu.

Nessa fabulazinha, temos quase todos os elementos constitutivos do universo kafkiano. Tentemos discerni-los.

A figura central é um rato, isto é, um ser que, por natureza, instinto, rói tudo o que encontra à sua frente, mas no caso trata-se de um rato que tem mundo, campo de consciência; portanto, só pode ser entendido como forma transmutada, metamorfoseada, do homem. Porém, dado o valor que impregna a palavra "rato", o termo implica – quando aplicado para simbolizar um ser consciente, logo dotado de inteligência, de essência de algum modo humana – redução a algo mais baixo na escala ou pelo menos colocado em um contexto semelhante àquele em que o *homem vê* situado o rato. Em suma, a figuração escolhida já por si, de chofre, indica um sentido e suscita uma sensação, no mínimo, estranha, distanciadora em relação ao modo de nos inserirmos em nossa constelação habitual de vida.

Esse caráter, metamorfose negativa da figura que deve dizer eu, acentua-se, ou melhor, intensifica-se como imagem alienatória em sua relação com o mundo. Com efeito, o seu quadro de vida, o contexto em que se inscreve e se desenvolve a sua existência, se lhe apresenta como algo crescentemente temível. Primeiro, psicologicamente: a amplitude, por sua própria indefinição, por sua ligação com o que é inapreensível por grandeza do objeto ou falibilidade do sujeito, infunde um sentimento de temor. Porém, a existência de alguns muros, à direita e à esquerda, um ponto de apoio, de repouso, de constituição de espaço em um quadro dentro da possibilidade roedora, dá-lhe momentos de felicidade. Há limites, há regras, há valores, há crenças, há uma moldura social etc., o homem não é um náufrago a navegar sobre a frágil, senão oca ou mesmo ilusória tábua de sua consciência no oceano infinito, desesperador do nada ou da divindade inefável, inalcançável. Mas, à medida que prossegue em sua roedora caminhada, vê as espaçosas delimitações consoladoras, onde afinal se podia respirar, transformadas em longos muros. O rato sente-se então novamente não só temeroso, mas agora já aprisionado, encerrado no seu espaço, no seu mundo. O que antes apenas o inseria, passa agora a encerrá-lo. É um longo corredor de novo projetado, com o seu ponto de fuga, sua perspectiva no infinito, nesse mau infinito de Hegel e dos gregos. A reação do roedor é evidentemente (embora não registrada) a de pôr-se a correr, a querer escapar. Mas justamente essa velocidade, que é a do sujeito, faz com que os muros se precipitem uns sobre os outros e, no caso, não apenas como ilusão óptica, mas no plano da realidade vivencial. O mundo que devia servir-lhe de lugar, precipita-se, desaba sobre ele, obrigando-o a acelerar a sua fuga, a entrar prematura ou extemporaneamente no último quarto, a cumprir finitamente uma trajetória infinita, a colocar-se na boca do poço, da armadilha do nada, do sem-fim, uma vez que esse não é um limite, como em uma série matemática, um dado ponderável do imponderável, mas um absoluto em sua ilimitação, além do qual não poderia existir algo. Assim, completa-se uma divisão, uma cisão básica entre sujeito e mundo: o primeiro acossado pelo segundo, perdendo o terreno sob os pés, é posto em solidão, em situação trágica. A movimentação psicológica inicial, o conjunto daquilo que envolve mesmo as estruturas e convenções sociais (muros), vai desembocar em um simbolismo de natureza metafísica ou, no mínimo, transcendental, abrangendo toda a roedora condição.

Mas o processo alienatório, que começa por exilar o homem de sua forma natural e que prossegue desterrando-o de seu mundo natural, criando entre ambos a incisão trágica, chega, por um terceiro desdobramento, de corte entre a relação que ainda assim subsistia entre significante e significado, de ironia trágica, que acrescenta o sinal menos aos dois sinais negativos anteriores, à negação total, ao absurdo. É o que se verifica, na fabulazinha, quando o gato, depois de sugerir ao rato o uso de seu livre arbítrio e a mudança de direção, engole-o. É o momento da negação da consciência como possibilidade de superação da fissura trágica. Constituída pelos outros ou pelo Outro, que seria Deus, ela já é por si, na medida em que objeto de outrem, em que exilada da pura subjetividade, uma forma degradada, que subsiste à custa desse outro e que ele espreita, a cada passo, para abocanhá-la. A consciência tampouco é uma garantia de realidade, ela tampouco pode realizar. Vive a sua ilusão de certeza numa *via crucis* entre o Ser e o Nada.

É claro que essa redução ao absurdo que fizemos mais por razões ilustrativas, não pode ser aplicada de maneira tão estrita, indiscriminadamente, à obra de Kafka. Esta é tão tomada pelos paradoxos, pelos dilemas da condição e da existência humana, que ela mesma oscila contraditoriamente, ora num ora noutro sentido, pelo menos quando vista à luz da biografia de seu autor. Nem por isso seria inadequado se a denominássemos o *mito do absurdo*. Ela o realiza em todos os níveis de interpretação. Essa mesma fabulazinha que apresentamos e procuramos analisar em termos fenomenológicos é passível de ser compreendida de outras maneiras. Tomemos as duas figuras metamórficas polares: o rato, o indivíduo angustiado, perseguido, alienado, o filho rejeitado, o oprimido, o homem às voltas com os seus fantasmas; e o gato, Deus, a autoridade, o poder, os valores, as camadas dominantes, as forças recalcadoras, os fantasmas da mente. Dessa simples indicação, sem entrar no exame formal e estilístico de *O Processo*, de *O Castelo* e de outras criações kafkianas, nem na natureza dos recursos de construção e linguagem que tornam tão singular esse universo ficcional, escritura do labirinto atectônico da solidão humana, resulta um jogo trágico e tanto maior quanto de caráter monológico e não dialógico.

RELIGIÃO E RELIGIOSIDADE EM KAFKA

Sobre Kafka, tudo já foi dito. Não há interpretação que não tenha sido aventada, nem ângulo que permaneça inexplorado. Desde a sua morte em 1924, e sobretudo a partir da década de 1940, a sua obra converteu-se num ponto nevrálgico não só da literatura como – pode-se afirmar – do pensamento modernos. Seja por seu caráter profético, seja por sua vivência existencial, seja por sua amplitude simbólica, seja por sua intensa religiosidade e por seu agudo ceticismo, ela assumiu o aspecto de uma extraordinária caracterização, ajustada como uma luva, à vida e aos problemas do homem do século xx. Suas terríveis antecipações do universo "concentracionário", das implacáveis máquinas totalitárias, das burocracias esmagadoras; sua visão do desespero humano, do abandono da criatura, do paradoxo de uma situação em que o indivíduo se encontra à discrição de si próprio e, no entanto, tragicamente enredado num mundo sem Deus, ou pelo menos por Ele desertado, separado Dele por uma distância infinita, entregue em seu nome, por seu mandamento quiçá, a uma engrenagem anônima, sem ordem, sem fim e sem valor absoluto; e sobretudo o admirável valor metafórico que impôs o seu molde e deu concreção literária e estética ao caos da angústia e dos tormentos pessoais, ao torvelinho demoníaco das meditações paradoxais e dilemáticas – tudo isso fez dessa obra a Grande Parábola, oca, sem referencial, da existência em nossa época. Do pós-expressionismo alemão e do surrealismo francês até o existencialismo, o teatro do absurdo e o *roman nouveau*, através de Sartre, Camus, Beckett e Ionesco, para citar alguns, a sua influência abre caminho, os seus efeitos acentuam-se, o seu alcance universaliza-se. Não é por acaso que Kafka é hoje autor de *poche, pocket, taschen*, em suma do livro de bolso, da leitura de massa. O seu legado fala uma linguagem que, por estranha que seja, por cruel e inverossímil que pareça, surge próxima, à mão da própria experiência do homem de todos os dias. Como não aceitar, não apenas no nível artístico ou filosófico, mas já no de simples realidade, a imagem esboçada em *A Colônia Penal*, depois do nazismo, do stalinismo, das hecatombes africanas, americanas ou asiáticas e de tantos outros crimes e torturas cometidos, diante dos olhos de todos, com a submissão e a complacência de quase todos, contra a liberdade, a dignidade e a existência do homem? Como relegar a um sonho louco *A Metamorfose* quando, a todo momento, espezinhado em seus direitos, em seu próprio *status*, o ser humano é transmudado precisamente no vil inseto que pode ser varrido sem maiores considerações, por um criado qualquer da engrenagem? Como não reconhecer, no *Processo* e no *Castelo*, o quadro verídico, a representação insofismável do pungente absurdo que é este mundo sem paz nem tranquilidade, vítima de suas próprias contradições, caótico, alienado, sem sentido nem medida naquilo que deveria ser o seu sentido e a sua medida – o homem na sociedade humana? Nessas condições, é evidente que Kafka é acessível ao grande público, que encontra nele a profecia e a metáfora de sua vida nos dias que correm.

No entanto, a parábola continua sendo também um enigma. De modo algum as exegeses chegaram, e talvez nunca cheguem, ao seu fundo. A sua transparência, como certas águas, muda conforme a luz. E é bem possível que, em essência, seja impermeável, refletindo na sua intensa cristalinidade, na sua perfeição lapidar, apenas a imagem de quem a aborda e do mundo que o cerca, o que equivale dizer que, se tudo já foi dito a respeito dessa obra, tudo ainda está para ser dito. Ao mesmo tempo, resulta daí que todas as exegeses, a seu modo e no seu nível, podem coexistir em seu âmbito. Ou, para falar com John Burnham, "parece um erro tentar uma interpretação singular, consistente e final, do sentido de Kafka. As interpretações metafísica, sociológica, teológica e freudiana não se excluem umas às outras. Pelo contrário, constituem uma qualidade especial de seu escrever [...] a de evitar qualquer interpretação singular e a de nos compelir a procurar uma interpretação"[8]. Mas precisamente essa dialética condena o sentido que se atribui à relatividade, pois o próprio Kafka não teria uma explicação única e definitiva a oferecer, uma vez que não a conhecia e que sua obra gira exatamente em torno da impossibilidade de encontrá-la.

■ ■

Contudo, nessa lanterna de várias cores, os críticos insistem em afirmar que a luz é de uma só cor, embora cada qual a veja sob uma coloração assaz particular, que se acentua ainda mais quando se trata de encará-la de um ângulo, digamos, religioso ou teológico. E como desconhecê-lo, numa obra cujo latejamento metafísico é inquestionável, e cuja visada (e não validade) não é apenas estética ou social, mas também, e em alto grau, ética e religiosa, ainda que por carência? Na verdade, embora a intenção literária goze de indiscutível primado, encerrando o universo ficcional de Kafka no

---

8. Observations on Kafka, *Partisan Review*, n. 2, 1947.

círculo do imaginário e tornando a coerência artística o fundamento legítimo de qualquer exame pertinente, a preocupação com Deus, com sua justiça, sua graça e redenção, com o sentido do homem no mundo, a partir de uma polaridade existencial entre este e a divindade, é tão intensa e dramática em experimentações de natureza religiosa, tão teológica e talmudicamente especulada e desenvolvida, que discutir Kafka é trazer à baila não só a literatura de um Dostoiévski ou de um Strindberg, mas toda uma linhagem de pensamento: essa meditação, tão dada às formas parabólicas e metafóricas, que vai da *Bíblia*, do livro de *Jó*, e de Pascal até o moderno existencialismo laico e religioso, e da qual Kafka talvez seja uma súmula ao revés, em negativo. Vê-se que a exegese kafkiana implica não apenas a crítica literária ou filosófica, mas ainda a religiosa ou teológica, mesmo que *defroquée*. Esta última, porém, por sua própria natureza, só pode enxergar a luz, de seu canto, à sua maneira, na estrita obediência confessional.

Nessas condições, se ninguém põe em dúvida a influência de Kierkegaard – que Kafka coloca, senão como um caso semelhante ao seu, pelo "menos do mesmo lado do mundo"[9] – ou de certos elementos da religiosidade judaica, principalmente os que se ligam às heterodoxias místicas da Cabala, daí para frente a matilha fica à solta e os dentes começam a morder. A engenhosidade e a parcialidade de exegetas comprometidos, partindo de conceitos inevitavelmente unívocos, revestem os mitos kafkianos de autênticas camisas-de-força interpretativas, o que não deixa de ser uma forma de entendê-los...

Assim, para John Kelly, o fio condutor, nas duas criações de maior vulto, *O Castelo* e *O Processo*, é o escatológico. Tratar-se-ia de romances que visariam a representar as relações entre Deus e os homens, mas, e nesse ponto surge a sua divergência com Max Brod, na linha calvinista de um Karl Barth. Como este, Kafka consideraria a existência humana

---

9. *Diários*, 21 de agosto de 1913.

como um barco à matroca, um absurdo em meio ao caos, ao labirinto, pois jamais poderia levar a Deus. As ações, as práticas religiosas positivas de nada adiantariam como via de resgate, que estaria na exclusiva dependência da vontade divina, de seu "chamado" e de sua escolha. Ora, exilado, rejeitado, maldito, o herói kafkiano seria a figura romanesca do pavor, da quase-certeza, de estar excluído para toda a eternidade da graça dessa eleição.

Com essa posição, que faz da obra de Kafka uma expressão deliberada da teologia protestante, a crítica judaica não pode concordar. Encabeçada por Max Brod, que continua sendo, quando não o principal intérprete, pelo menos a testemunha indispensável, ela se insurge contra a tentativa não só de integrar Kafka no espírito calvinista de Barth, cuja atuação efetiva sobre o espírito do autor da série Ele[10] permanece hipotética, mas também contra os que pretendem enquadrá-lo nas teologias negativas cristãs ou na visão gnóstica e maniqueísta. Não que contestem as semelhanças entre o processo pelo qual as personagens de Kafka buscam o sentido e a lógica da existência, para descobrir incessantemente que ela nada tem a lhes oferecer de chofre e simplesmente[11], entre um Kafka para quem o positivo nos foi dado desde o início, mas o negativo é uma adição que nos foi imposta (v. Aforismo 27), e a ordem de raciocínio que, de Orígenes ao Mestre Eckardt, se serviu da "redução ao absurdo" para formular os informuláveis mistérios divinos. Se se recusam a aprofundar esse parentesco, mesmo com a tradição cabalista que se utiliza largamente dessas noções, assim como da extrapolação mística do conceito de exílio, da indestinação das almas errantes (*dibukim*) entre os dois mundos etc., é porque julgam discernir, por entre o agnosticismo e a angústia existencial de Kafka, um núcleo de judaísmo positivo.

Brod, por exemplo, considera que "ano após ano Kafka se aproximou do pensamento judeu e da realidade judaica.

---

10. Coleção de aforismos kafkanianos publicada postumamente com o título de *Er* (Ele).
11. M. Alberès e Pierre Boisdeffre, *Kafka*.

Tal evolução implica de maneira permanente a sua crítica cada vez mais severa do pensamento judeu falsificado, da tibieza, de tudo o que não é profundamente sentido, de todos os elementos do judaísmo que a gente arrasta consigo sem compreendê-los, por simples piedade"[12]. E isso é que impõe, para entender o judaísmo de Kafka, sair das rotas já batidas. Em essência, parece-lhe que "a forma pascaliana do cristianismo, que deseja penetrar na verdade absoluta, renunciando ao 'eu detestável', também se encontra em Kafka"[13]. Mas esse é um terreno comum às duas religiões que se separam realmente na questão do Messias, que, para os cristãos, já veio: "Ora, diz Brod, não se achará na obra de Kafka uma só passagem que se aproxime, por pouco que seja, da crença em um 'mediador' já aparecido sobre a terra. A esse respeito, por conseguinte, Kafka é inteiramente judeu"[14]. O pensamento cristão de Kierkegaard, que tanto influiu no espírito de Kafka, só despertou o interesse deste na parte relativa a Jó e a Abraão, e não no que se refere a Jesus. Ademais, alega Brod, o esforço de Kafka é no sentido de uma vida justa sob o signo da santificação. Daí por que vê no casamento, na profissão honesta, na integração social um fim alcançável, um problema solúvel (ao contrário de Kierkegaard) para todo homem que deseja ser realmente homem. "Assim, o interesse de Kafka pela comunidade, pela vida natural, volta-se igualmente para a comunidade natural em que nasceu e de cuja elevada tradição espiritual ele se apropriou pouco a pouco: o judaísmo". Compreende-se, pois, que Brod tenha dado na biografia de seu amigo como "a última palavra de Kafka, de um lado os elementos positivos, favoráveis à vida e à atividade terrestre e, de outro, os elementos religiosos, na medida em que comportam precisamente a realização da existência" e que tenha incluído como elemento dessa realização, em Kafka, o sionismo, principalmente sob a sua forma kibutziana.

12. Le Judaisme de Kafka, *Révue de la Pensée Juive*, n.10, Hiver 1951.
13. Ibidem.
14. Ibidem.

Entretanto, contra a interpretação de Brod, que com esta ou aquela diferença é a de muitos outros críticos espiritual e teologicamente vinculados ao judaísmo, o próprio Kafka parece deslocar o fiel da balança em direção oposta com a sua conhecida frase: "Eu não tive ingresso na vida, como Kierkegaard, pela mão do cristianismo, nem, como os sionistas, pude agarrar a última fímbria do manto sacerdotal que se afastava rapidamente dos judeus. Sou um fim ou um princípio". Essa e outras formulações análogas, encontradiças nas reflexões e notas ou implícitas na *Carta ao Pai*, e que salientam um niilismo solitário, e insolúvel, é que levam tantos comentadores a abandonar a tentativa de ligá-lo a crenças e congregações positivas e a visualizá-lo na plenitude paradoxal de sua situação de judeu nascido em Praga e que Hesse denominou o "imperador secreto da prosa alemã", de um escritor que "vive num mundo virtualmente sem Deus e não pratica nenhuma religião, mas que se considera não obstante um 'homem religioso', que denomina o seu escrever uma 'forma de prece', e que eventualmente se torna objeto de algo como um respeito religioso para uma intelectualidade indiferente do ponto de vista religioso"[15]. Uma verdadeira charada sem chave, diante da qual a tendência mais recente é a de jogar a questão toda, com sua intricada casuística religiosa, pura e simplesmente pela amurada. Para os que assim procedem, trata-se de estudar o autor de *O Processo* apenas no terreno literário, isto é, na realidade objetiva e atual de uma obra que, antes de mais nada, é, não a imagem de uma interpretação, mas a própria imagem da existência, tal como ela se desdobra no espelho polivalente de uma arte do texto em que um realismo extremado, flaubertiano, descreve minuciosa, obsessivamente pormenores reais, os quais de repente perdem o seu fundo, privados de suas essências, corroídos por um verme ontológico, uma "des-realização", e tornam-se ocos, espectrais, fantásticos, fantasmas reais de um mundo real.

15. Ibidem.

Para Günther Anders, um dos precursores do novo enfoque, o problema ainda não se apresenta de maneira tão radical, pelo menos na medida em que sua análise, embora se descartando dos conteúdos, não faz tábula rasa das formas religiosas que, por inércia, por passividade, mascaram o mundo kafkiano. Nesse sentido, a sua posição se situa justamente no limite, sendo o título do trabalho a que estamos nos reportando bastante significativo: "Kafka, Ritual Sem Religião"[16]. Sua tese é que Kafka, marco final de toda uma linha de desintegração religiosa, já estaria além mesmo da própria religiosidade sem religião, isto é, de todo teor positivo de um sentimento dessa natureza, guardando tão-somente os elementos formais de uma ritualística sem fé graças às categorias da precisão e da escrupulosidade. Ambas, "atributos do processo... que o homem tem de sofrer na mão das autoridades, dos procedimentos instituídos pelo mundo contra o homem", características da atitude mais ou menos conformista que "Kafka *exige* do mundo e de si mesmo", indicariam que o agnosticismo de Kafka teria devorado não só a religiosidade meramente psicológica, mas também o único elemento básico da religião que até a sua época se opunha a isso, o poder constritor. Elas seriam, na verdade, os esqueletos da atitude religiosa, descarnada por via psicológica e estética, a executar um rito espectral das vivências e dos conceitos fundamentais do *homo religioso*. "Isto é, por certo, um extremo radicalismo, mas não é um radicalismo de um começo, Kafka remata a conclusão radical do próprio processo que ele pretende combater. É um de seus piores inimigos, o maior talvez". Nestes termos, de redução total ao absurdo, compreende-se que não teria sentido colocar Kafka entre os que pretendem estabelecer alguma modalidade de paraíso na terra ou demolir o velho para erigir o novo. Afora um vago desejo, não de formar algo, mas de reformar a si próprio, Anders não vislumbra nem

---

16. Günther Anders, "Franz Kafka: Ritual without Religion", *Commentary*, VIII, Dec. 1949, p. 560-569.

ideal nem utopia no cerrado e fluido horizonte kafkiano. Não sabendo ao certo qual o Éden almejado, "o mundo da vida popular judaica, ou do movimento sionista, ou simplesmente o mundo, o mundo dos poderosos, que para ele sempre contou, embora nem sempre estes se dignassem a contar com ele", era natural e lógico, sem qualquer sombra de mistério, que a "expulsão" se lhe afigurasse uma "eterna condição". Trata-se de uma exclusão absoluta, que envolve também o seu judaísmo, e cujo âmbito escapa pela ausência básica de uma esperança messiânica, ainda que secularizada ou negativa, e sobretudo de uma afirmação da *religio*, da solidariedade e da pertinência à comunidade dos crentes. "Kafka não pode ser concebido como um continuador da religião judaica ou de aspectos de sua teologia. Mas é verdade – e aqui o seu 'judaísmo' desempenha um papel maior – de que o fato social de ser judeu, de sua marginalidade, foi uma das coisas que o tornou 'culpado' e necessitado de redenção. Ele encara a sua condição de judeu com olhos de cristão; Kafka não é um teólogo judeu, mas um teólogo cristianizado que especula sobre a situação judaica".

■ ■

Essa realidade, reconhecida por Anders, que é a presença determinante da condição ou da situação de judeu em Kafka, abre, queremos crer, uma nova perspectiva. É claro que já estava contida ou mesmo referida em muitas outras análises. Porém, só mais recentemente, a partir de Sartre, revelou ela a sua fecundidade. A obra de Kafka pode ser interpretada, sem perder o seu sentido mais lato, como uma expressão da complexidade paradoxal que presidiu, e até certo ponto ainda preside, a existência do judeu ocidental e ocidentalizado, sobretudo na Europa. Situado, por uma conjunção excepcional de fatores sociais, políticos, históricos, nacionais e religiosos, bem como de características subjetivas e artísticas, num dos pontos sensíveis dessa situação que, em equilíbrio instável, já prenunciava o abalo trágico, captou-a e fixou-a na sua personalidade literária e nas suas criações. É fácil reconhecer na sua busca do outro, do pai e da família, dos valores literários e mesmo do ingresso artístico no mundo alheio; na sua nostalgia de uma religiosidade passada da qual tudo o exilava, a começar por ele mesmo, no seu desejo de integrar-se e na sua certeza da exclusão, bem como nas estruturas peculiares e nos estilemas de seu escrever, onde a casuística rabínica compete com um humor judeu descaracterizado, é fácil reconhecer aí outros tantos sinais dessa condição e do sinistro destino que a esperava. A parábola kafkiana é bem a suma artística dos mal-entendidos, das ambiguidades, das impossibilidades que caracterizam essa situação de judeu que Sartre designou como "inautêntica". E talvez precisamente por estar psicológica, social e metafisicamente ancorado no centro nervoso, na intersecção e no interstício de tensões e relações individuais e coletivas assaz concretas, é que ela consegue detectar – quando o detector é um Kafka... – momentos essenciais da própria condição humana em nosso tempo. Se ao artista Kafka se deve, sem dúvida, a perfeição do molde, o seu poder de universalização simbólica, é possível que ao judeu Kafka se deva a intensidade, a vibração trágica de seu conteúdo, ou melhor, de sua vacuidade.

KAFKA, A ICONICIDADE DE UMA ESCRITURA[17]

Os três grandes ícones da ficção narrativa do século XX são Proust, Joyce e Kafka.

Outros escritores de grande importância, como Thomas Mann, Hermann Hesse, Gide, Malraux, John dos Passos, Faulkner, Bellow, Babel, Borges, entre muitos outros, apesar da enorme qualidade e impacto de suas obras, não alcançaram a mesma proeminência, ao menos em termos simbólicos.

O curioso nos três nomes que mencionamos é que a obra ou a pessoa de cada um deles tenha a ver com o judeu. Joyce não o era, mas a sua personagem Leopold Bloom o era. Proust era meio-judeu, a mãe o era, e uma de suas figuras centrais, ao lado do Barão de Charlus, da Duquesa de

---

17. Este trabalho foi apresentado à mesa do debate realizado na *Folha de S.Paulo*, em 6 de outubro de 1997, sob o título de *A Herança de Kafka e a Criação Literária Moderna*, com a participação de Gershon Shaked, da Universidade Hebraica de Jerusalém, e do poeta Haroldo de Campos.

Guermantes e Mme. Verdurin, era o judeu Charles Swann. E Kafka o era indubitavelmente, sem que em sua obra narrativa, quase paradoxalmente, apareça de modo explícito a figura do judeu como protagonista, embora, repetidamente, em colocações críticas das mais variadas correntes, ela tenha sido aproximada da condição judaica, quando não identificada com esta. Pode-se até dizer que, não obstante a abrangência humana de suas personagens e das situações em que são apresentadas, sua criação, mais do que nenhuma outra, converteu-se numa espécie de ícone da condição judaica da época moderna, pelo menos na perspectiva em que foi vista até o estabelecimento do Estado de Israel, transferindo ao próprio Kafka toda a potência dessa emblematização e convertendo-o, de certo modo, no ícone personalizado do judeu.

Como se vê, pela obra desses três inovadores do discurso épico, o judeu se tornou uma das personagens nucleares na literatura de nosso tempo, sem que, para tanto, interviesse qualquer escolha eletiva, ao menos em termos confessionais, nacionais ou políticos. Muito pelo contrário, porquanto ele emerge como uma figura essencialmente dramática, se não trágica, encarnando a conturbada e alienante injunção histórica, social e humana que caracterizou e caracteriza os dias de nossas vidas.

Não pretendo aprofundar essas ideias que me ocorreram, nem por análise, nem por, como se diz hoje, leitura ou reflexão críticas. Digamos que seja pura *doxa*, digamos que seja puro pervagar por lembranças que conservei de antigas aproximações destes autores, no pior estilo impressionista. Mas já que me encontro entre notáveis cultores e *scholars* das letras contemporâneas e nada teria a acrescentar ao que eles, com sua grande erudição e penetração crítica nos trazem aqui, reservo-me o único espaço que certamente permanece aberto, o "do acho que". E como esta mesa está dedicada à herança de Kafka e à criação literária moderna, concedo-me o direito de especular sobre alguns "galhos" de seu *ikhus* (estirpe) poético...

Não se discute que a produção de Kafka deva ser examinada essencialmente dentro dos parâmetros, dos critérios e dos valores estéticos que a exegese moderna considera básicos na apreciação de uma obra de criação literária. Os importantes aspectos contextuais e que, sem dúvida, ressoam e mesmo vivificam suas organizações escriturais, como sejam religião, ideologia, história, filosofia, política, arte, ou as relacionadas à sua própria pessoa e biografia, como doença, amores, profissões, família (o famoso pai, pau para toda obra), feitio psicológico, educação, círculo de amizades, só têm sentido e valia na proporção que se fazem palavra e texto do livro kafkiano. Por isso mesmo, o mais certo, e nesse ponto estou inteiramente de acordo com os intérpretes que não privilegiam os fatores acima mencionados, no mínimo como decisivos, o mais certo, como dizia, é o *close reading* dos escritos do Sr. K. Mas isso vou deixar para os que se devotam a semelhantes labores e que certamente terão mais êxito do que eu, realizando-os.

Atrevo-me apenas a chamar a atenção para a forma como o autor de *O Processo* e *O Castelo* estrutura os seus relatos. É claro que, além da inegável originalidade de sua pena, pode-se encontrar neles repercussões de Flaubert, Dickens, Goethe, Kleist, Dostoiévski e Kirkegaard, para mencionar os mais conhecidos e citados. Mas eu acrescentaria mais um referencial especificamente judaico. Trata-se de uma estrutura narrativa muito antiga que já aparece, por exemplo, na época de Jesus de Nazaré, no seu *Sermão da Montanha* e, mesmo antes, na tradição dos *midraschim agádicos*. Essa forma peregrinou, com suas variantes, pelo narrar judaico até chegar às parábolas e historietas dos mestres hassídicos. Um dos maiores expoentes desse gênero foi o Rabi Nakhman de Bratzlav (1772-1810). É verdade que ele o utilizava para fins pedagógicos e místico-pietistas. Mas nem por isso deixou de levar o material envolvido, na forma de seu discurso, a uma quinta-essência simbólica, estrutural e narrativa. Essa moldagem prestou-se, nas mãos do rabi, a colocações pulsantes da condição existencial, espiritual e ética do homem, ainda que revestido do xale ritual judaico e de seu devocionário.

Como disse, Rabi Nakhman não inventou esse modo de narrar. Lapidou-o à perfeição, em sua vertente. Mas, curiosamente, nós o encontramos também na literatura popular cristã, sem dúvida alimentada pela fonte bíblica, comum, e, às vezes, em alguns filósofos ocidentais, quando tentam uma síntese, eu diria *agádica*, de seus ensinamentos, como em Kierkegaard, por exemplo. Ora, em Kafka, o gênero volta a aparecer numa configuração extremamente cristalizada, mesmo porque, depurado de toda carga positiva de ideias religiosas com que transitou através de milênios, vindo do conto oriental até a época moderna. Só que o escritor judio-tcheco-alemão, também não sem precedentes, pois os cabalistas já o haviam transfundido para as suas agadot místicas, o carrega de elementos que poderíamos dizer, por extensão, serem amalgamados de teologia negativa, na medida em que conduz ao extremo as metáforas sobre o mundo, onde Deus e os valores de sua justiça, primam pela ausência, deixando a criatura humana entregue ao tormento do *dépaysement* e ao desespero da alienação.

Se a relação apontada tiver algum sentido, poder-se-ia dizer que essa remessa judaica é levada, em Kafka, ao seu paroxismo. E ao preencher sua percepção com a angústia e o grito mudo, que vão de Jó à antevisão do Holocausto, ele estampou na prosa ficcional, com suas novelísticas parábolas e *midraschim* arreligiosos, não o retrato do judeu em seu traçado particular, mimético e realista, na época moderna, mas uma representação iconizada de sua condição de exilado, marginalizado e não pertencente do ponto de vista contextual. Depurando-o do referencial peculiar, abriu seu espaço emblemático e sua economia formal para uma transcendência em que podia caber e coube, de corpo inteiro, em toda a sua amplitude e generalidade, o *dépaysement* do homem deste século e o estranhamento de seu universo de existência. Colhido na máquina do mundo pela engrenagem da técnica, da burocracia, da globalização e da robotização, vê-se encerrado na liberdade mesma que lhe pareceu conquistar sobre o seu destino. Tal é, no mais das vezes em grafia onírico-grotesca, a transcrição simbolizadora que reveste e consagra iconicamente a escritura kafkiana. E precisamente nessa medida, toda ela calcada no sentimento e na visão de mundo surdidos qualificadamente de suas vivências judaicas, metamorfoseia o próprio Kafka em ícone do judeu, a despeito de tudo.

"O CAPOTE" DE GÓGOL

Essa obra-prima de Gógol, apresentada numa excelente edição, onde também figura outro conto do mesmo escritor, *O Nariz*, não é desconhecida de nosso público leitor. Já em 1941, na coletânea *Os Russos*, Vinicius de Moraes oferecia-nos uma boa tradução de *O Capote*. Entretanto, apesar do alto nível dessa versão e da indubitável competência de seu autor, ela se situa, como a esmagadora maioria das obras russas publicadas em português, numa base bastante incerta, pois não se trata de uma tradução direta do russo. Se destacamos esse aspecto é porque não conhecemos outras traduções diretas – afora as de Boris Schnaiderman, que verteu Dostoiévski, Górki, Kuprin e outros – que nos permitam avaliar melhor as nuanças psicológicas e estilísticas dessa riquíssima e complexa literatura.

O Capote de Gógol não é apenas um conto magistral (e quanto a isso, *O Nariz*, parte do ciclo de narrativas petersburguenses, nada lhe fica a dever), mas também um marco na literatura russa. Com esse malfadado capote, a soma tragicômica da vida de um pequeno funcionário, pequeno na sua posição, pequeno nos seus problemas, pequeno nos seus sonhos, surge aquele demoníaco realismo das almas mortas, estes espectros de uma sociedade surpreendida no grotesco-fantástico de uma existência sem perspectiva, de um destino absolutamente irremediável. Essa personalidade tortuosa que foi Gógol, com a sua mescla de realismo e misticismo, costurou entre "risos e lágrimas" um capote que não só assentou magnificamente ao próprio artífice, como resguardou e acalentou todo aquele estranho mundo de humilhados e ofendidos, de pobre gente e de vagabundos que povoou a literatura russa no século XIX e cuja presença revelou à literatura internacional uma nova dimensão artística – o homem.

UM RUMOROSO PRÊMIO NOBEL

A Academia Sueca resolveu conceder este ano o prêmio Nobel de literatura ao escritor russo Boris Pasternak. A escolha repercutiu intensamente e por vários motivos. É que o laureado, além de pertencer ao rol dos que defendem teorias de arte consideradas daninhas na União Soviética, publicou recentemente, na Europa Ocidental, um romance intitulado *Doutor Jivago* e que, segundo o *Pravda*, é "um panfleto odioso, dirigido contra a revolução socialista, contra o povo e os interesses soviéticos". Anders Oesterling, por sua vez, ao anunciar a decisão do júri, declarou: "O autor não escreve nem para acusar, nem para protestar. Ele não critica a revolução. O que ele rejeita é a exploração servil do que se seguiu, o bando de oportunistas".

O caso torna-se ainda mais complexo quando se considera que, após 25 anos, isto é, depois que Ivan Bunin (um exilado) conquistou o Nobel em 1933, é Pasternak o primeiro russo a lograr tal honra. Ora, nesse entretempo, nomes como os de Górki, Scholokhov e outros foram recusados e não havia de ser pela qualidade de suas obras que figuram entre as melhores de nossa época. Aliás, um fato recente, como a outorga do prêmio anterior a Camus e não a Sartre, é de molde a lançar suspeita sobre os critérios de escolha, e muitos perguntam, com razão, se os fatores políticos não influem acentuadamente nos veredictos que deveriam obedecer a códigos exclusivamente literários.

Entretanto, seria absurdo perfilhar o ponto de vista dos que, a partir dessa premissa, pretendem negar a validade artística do galardão. Com efeito, se a diplomacia tem voz na seleção dos contemplados, não é menos verdade que a esmagadora maioria destes merecia a distinção e se existem injustiçados, eles não provêm apenas da esquerda. Joyce, por exemplo, que é um dos cimos do romance moderno e que encarna exatamente a tendência estética que, segundo certos dogmáticos, contaria com os favores da "reacionária" Academia Sueca, nunca recebeu, ao que saibamos, o prêmio Nobel.

Por outro lado, mais desarrazoada seria a tentativa de não reconhecer os méritos do próprio Pasternak. Nascido em 1890, numa família de judeus russos, viveu desde a infância em ambiente artístico e intelectual dos mais refinados. Seu pai, Leonid Pasternak, era pintor de renome e a mãe, musicista de grandes dotes. Destinado inicialmente à música, Boris Pasternak recebeu influência do compositor Scriabin, que era amigo da família. Mais tarde, porém, sentiu-se atraído pela filosofia e estudou na Universidade de Marburgo, com o neokantiano Herman Cohen. Como a maior parte dos poetas de sua geração, Pasternak sofreu forte impacto de Alexandre Blok, o maior simbolista russo, e de Khlébnikov, particularmente, que o iniciou no futurismo. E é sob a égide dessa escola que Pasternak publica, em 1913, o poema "Um Gêmeo nas Nuvens". Em 1917, *Para Além das Barreiras* desperta a atenção da crítica e, em 1922 e 1923, *Minha Irmã, a Vida* e *Temas e Variações* consagram-no como grande poeta. Seguem-se "Spectorski" e "O Relato", poemas autobiográficos, "Ano 1905" e "Tenente Schmidt", nos quais evoca a primeira insurreição russa e a revolta da esquadra do Mar Negro. Nos anos posteriores apareceram os versos líricos de *O Segundo Nascimento*, durante a guerra escreveu sobre o tema das atrocidades alemãs e, em 1943, publicou a coletânea de versos *Espaço Terrestre*. No interregno de quase dez anos subsequentes, Pasternak viu-se na impossibilidade de dar a público suas composições, devido ao ostracismo a que o condenou a linha jdanovista, e dedicou-se intensamente ao trabalho de tradução. Nesse particular, deve-lhe a literatura russa, afora extraordinárias versões de poesia georgiana, traduções – hoje clássicas – de Shakespeare, Rilke, Goethe e Verlaine.

Após os suicídios de Iessenin, e sobretudo de Maiakóvski, de quem foi amigo e companheiro de muitas batalhas literárias e cuja morte rememora no "Salvo-Conduto" (1935), Pasternak converteu-se, na opinião da crítica do Oeste, que não é compartilhada pela soviética, na principal figura do verso russo. Profundamente ligado à cultura ocidental, como transparece particularmente em sua prosa poética, criou verdadeiros "concertos em prosa" (*Infância de Luvers* e *O Último Verão*) em que ecoam notas proustianas e rilkeanas. Mas o autor de "O Relato" se considera um realista, na medida em que o realismo lhe parece "consistir não em uma tendência à parte, mas numa espécie de concentração em arte, em um supremo grau de precisão artística [...] aquela decisiva medida de pormenor criador". Essas palavras, Flaubert não repudiaria. Mas Pasternak, que vem depois de *À la recherche du temps perdu*, pergunta: "O que torna um homem realista? O que o forma?" E sua resposta é: "uma prematura impressionabilidade na infância e uma oportuna consciência na virilidade". Assim, o realismo artístico é, para ele, "a profundeza da impressão feita sobre o artista pela vida, transformada no ímpeto principal deste, e forçando-o a ser inventivo e original [...] Sua obra é original de ponta a ponta, não por suas divergências com os contemporâneos, mas por sua proximidade com a natureza que lhe serviu de modelo.

Ela é sempre biográfica, não por egocentrismo, mas porque o artista considera a sua vida o meio de conhecer qualquer vida sobre a terra".

Na perspectiva desse realismo é que Pasternak se debruça sobre a "realidade". Seu estro está voltado para os temas da vida e da natureza eternas, com os quais o seu lirismo, que é comparado ao de Lermontov, plasmou um mundo inteiramente próprio, um microcosmo poético em que "a gota de chuva é um pesado botão" e onde o poeta "desperto por perfumadas maravilhas/daqueles tempos e lembranças/hoje o jardim contempla/com olhos de anêmonas". É, pois, um universo em que se busca o "maravilhoso milenar" que se estende diante da sensibilidade e que um verso substantivo deve fixar.

Essa arte da captação essencial, da perfeição formal, em que primam o vocábulo preciso, a construção despojada, os saltos abruptos, as conexões obliteradas, em que a tentação dialética cede lugar à ontológica, valeram-lhe a pecha de "hermético", individualista e antissocial. Ressalvado o juízo de valor implícito nesses termos, não resta dúvida que Pasternak é um poeta pouco acessível à sensibilidade chã, infenso aos arroubos positivos e negativos da poesia militante e que considera como "a única tarefa da arte a de ser realizada brilhantemente".

Se o prêmio Nobel recompensasse apenas o ourives desses requintados lavores vazados na quietação de uma *datcha*, nos arredores de Moscou, haveria por certo muita querela ideológica, muito ciúme literário, mas a pílula seria provavelmente engolida. Porém, o júri acentuou sobretudo o quilate do romancista do *Doutor Jivago*. Nessa obra, Pasternak pretendeu pintar um painel da sociedade russa em sua agitada trajetória nesse século e, ao mesmo tempo, efetuar a sua radioscopia espiritual, sobretudo após o ano de 1917. O seu herói é um médico moscovita, que é apresentado como a encarnação do "homem superior" e da intelectualidade russa sob o antigo regime. Imbuído de "nobres" sentimentos e ideais ainda mais nobres em que se misturam estranhamente tolstoismo, misticismo cristão e socialismo utópico, é favorável ao movimento contra a autocracia czarista e saúda com júbilo a insurreição de 1917. Mas, a seguir, apresado pela "engrenagem" da Revolução, que o autor julga desvirtuada, desumanizada por uma traição aos seus fundamentos éticos, pela instauração de uma máquina burocrática esmagadora, torna-se o Dr. Jivago – juntamente com essa Madalena que é Larissa, o seu grande amor – uma espécie de Cristo, de vítima trágica e expiatória "que as agitações populares confundem e que os acontecimentos acabam por quebrar". Trata-se, pois, não só de um corajoso libelo contra a tirania stalinista, mas também de um julgamento da Revolução a partir das "excelências" e dos "sacrifícios" da *intelligentsia*. Semelhante interpretação polêmica e unilateral, como é fácil ver, acrescida das circunstâncias em que a obra foi lançada, levou os soviéticos a considerá-la um panfleto político contra o regime e o prêmio dado ao autor um ato político contra o Estado soviético.

Entretanto, se o *Doutor Jivago* apresentasse de fato, enquanto obra romanesca, algo "comparável a *Guerra e Paz*" (também altamente discutível em sua filosofia da história), como afirmou o porta-voz do cenáculo sueco, todas as suas falhas e parcialidades não bastariam para negar a seu criador o direito ao reconhecimento universal, que se expressa de certa maneira no prêmio Nobel. Não é menos verdade também que, mesmo que o romancista não tivesse merecido a distinção, o poeta lhe fez jus, pois é dos maiores da poesia contemporânea. Houvesse o júri premiado primordialmente essa produção, quem poderia em sã consciência duvidar de seus motivos?

"DOUTOR JIVAGO", OBRA DO DIABO

O atualmente o mais do que famoso romance de Boris Pasternak continua na ordem do dia da imprensa. Volta e meia surge alguém na liça e deita o seu oleozinho no fogaréu que a Academia Sueca acendeu ao tomar a sua justa ou injusta, mas de qualquer maneira diabólica decisão. O leitor talvez estranhe essa afirmativa e pense com os seus botões: "Mas o que o diabo tem a ver com tudo isso?" Bem, não alimentamos quaisquer pretensões no domínio da demonologia, que deixamos de bom grado aos doutores de trato diário com a matéria. Porém, salta aos olhos – em nosso leigo ver, em cujo favor estamos prontos a invocar tudo o que é "sagrado", inclusive uma testemunha devidamente pré-fabricada e devidamente ocular – que o diabo, o arrenegado, o beiçudo, o bicho-preto, o capeta, o coisa má, o coisa ruim, enfim o Príncipe das Trevas, sob todas as formas conceituais e apelativos registrados no sempre útil *Pequeno Dicionário Brasileiro da Língua Portuguesa*, conhecido vulgarmente como o "Aurélio", compareceu em pessoa, e não representado por um diabrete qualquer, aos trabalhos do famoso júri de Estocolmo. Pois somente ele, com a sua fértil imaginação, com seus espíritos sempre em riste para a artimanha, a malícia e a zombaria, com seus longos dedos alongados para o tão incauto e desprotegido mortal (esse perene otário do grande vigarista), poderia inspirar a uma pacata academia, que se destina a premiar medalhões, um resultado tão matreiro, tão fecundo em revelações e desnudamentos involuntários com respeito à tola perversidade, à cegueira e ao ridículo a que podem levar paixões desta nossa humanidade bipartida e às vezes tão pouco humana.

Com efeito, mal anunciado o nome do vencedor, passado o primeiro instante de estupor, eis que se desencadeia um festim satânico de acusações e defesas, de difamações e panegíricos, uma verdadeira dança das feiticeiras de Salem numa orgia de intolerância, unilateralidade, juízos (só) de valor.

Uma bacanal de preconceitos e explorações políticas agitou-se ensandecida em torno do *Doutor Jivago*. "É o mais torpe dos livros, uma monstruosa caricatura dos sacrifícios e dos feitos da revolução. É obra de um traidor, de um vendilhão da pátria, um emigrado interno, um elemento antissocial cujas pegadas macularam o sacrossanto território da literatura soviética" – gritaram esganiçadamente as Salomés literárias exigindo a cabeça de Pasternak. "É a mais sublime criação contemporânea, a expressão mais genuína da alma russa, de seu eterno mistério, de sua busca mística e humana. É uma obra na tradição de Tolstói a pintar e julgar a revolução em sua essência!" – ganiram, de outro lado, as respeitabilidades ocidentais entrando em transe democrático e tomadas de súbita e incontida paixão cristã pelo cristão novo Pasternak.

Assim, nessa madrugada de era e ara atômica, ululararam, uivaram, blateraram e zurraram em êxtase, girando, rodopiando e volteando com suas vassouras, as bruxas dos dois mundos. E, puxando o cordão do Anjo do Mal, com os olhos disparando setas de fogo, os braços enleando todas as perdidas deste e do outro mundo, a boca escancarada no mais puro prazer, ria com gargalhadas que ecoavam de uma a outra antípoda: "Ah, ah, ah! Esta é a maior de todas!" E foi então, em meio ao rubro auge do festim, enquanto as grandes labaredas quase tocavam o céu, que o Excomungado se inclinou para o seu primeiro assistente, Pé-de-Cabra, e numa voz entrecortada pelo riso, disse-lhe: "Esses imbecis pensam que foi só a premiação. Se soubessem que tive parte na própria obra... Ah, ah, ah! Sou ou não sou infernal?!"

E a testemunha ocular dessa orgia satânica, que no-la descreveu em pormenores que com o devido perdão guardamos pudicamente, acrescentou: "E ouvi ainda um saci-pererê com um diabinho de olho vivo, chifres pontudinhos e rabo com um ponto de interrogação: "Os editores também entraram no pacto..."

VIDA E DESTINO: VASSILI GROSSMAN

Muitas são as obras que foram escritas na literatura moderna sobre a guerra e a experiência humana que ela envolve. Poucas, porém, se propõem ou conseguem ultrapassar aspectos relativos, restritos ou específicos dessa vivência e das projeções imaginativas que elas suscitam à veia criadora dos ficcionistas, seja no plano histórico, social e político, ou no âmbito vivencial e psicológico de suas personagens trançadas na atmosfera necessariamente rarefeita da escritura transcriativa e de seus simbolismos. Da expressão coletiva e individual que as duas grandes conflagrações do século XX tiveram na produção ficcional, a primeira encontrou o seu marco sobretudo em *Nada de Novo na Frente Ocidental*, de Erich Maria Remarque, e a segunda, apenas parcialmente, pois seu recorte temático é o dá luta norte-americana no Pacífico, em *Os Nus e os Mortos*, de Norman Mailer. Porém, nenhuma delas possui a amplitude e a abrangência de *Vida e Destino*, de Vassili Grossman, que, no entanto, tem o seu par e talvez o seu modelo em *Guerra e Paz*, do autor, igualmente russo, Leon Tolstói.

Mas, sem entrar nos possíveis paralelismos, que começam pela personificação em dois grupos de famílias, os Volkonski-Rostov, de Tolstói, e os Chapóchnikov-Chtrum, de Grossman, o fio narrativo desenvolve em subtexto uma crítica psicológica social e política, não menos aguçada em ambos, embora a filosofia de vida e os valores que os presidem difiram, como não poderia deixar de ser, em se tratando de dois universos humanos, ainda que ambos russos, em estágios de sociedade e natureza de conflitos inteiramente diversos.

Grossman põe em cena o mundo soviético no período de Stálin e no seu confronto com a Alemanha de Hitler. O romancista oferece na carne e no sangue de suas personagens o centro vital da resistência contra o nazismo, que é a luta do povo nas ruínas de Stalingrado. Ele vence. Mas, novamente nos quadros desse triunfo, suas ações não se esvaem na vacuidade do heroico – tecidos por um realismo carnal sem concessões estão além do verossímil como encarnação do real. Essa narrativa, porém, tem sua contrapartida na exposição de outras realidades que afloram de seu subsolo soviético, não menos terríveis por sua natureza opressiva e esmagadora, ditadas por uma visão ideológica que deturpa o sonho do humanismo igualitário e socialista para transformá-lo em uma máquina totalitária de domínio do homem pelo homem. O autoritarismo, a alienação burocrática, o antissemitismo discriminatório, a tirania escravizante, a liberdade de opinião sufocada agridem, corroem e destroem a sociedade e os valores da pátria do povo vencedor.

Esse é o destino da vida, ou melhor, é a luta da vida contra o destino que se lhe pretende dar. Daí por que *Vida e Destino*, de Vassili Grossman, na tradução cuidadosa e competente de Irineu Franco Perpetuo, merece a leitura e a reflexão de todo aquele que queira, de algum modo, penetrar pelos caminhos do homem na história de suas buscas de si e de seu sentido.

UMA TRADUÇÃO DE TCHÉKHOV

Entre as traduções aparecidas em 1959, a coletânea de *Contos*[18] de Tchékhov ocupa certamente lugar de relevo. É possível mesmo afirmar que, realizando-a, Boris Schnaiderman estabeleceu um padrão novo em nosso contato com as letras russas. E já era tempo.

Até agora, excetuando-se as traduções de Paulo Rónai, Otto Schneider, Tatiana Belinky e do próprio Schnaiderman, a esmagadora maioria das obras de Tolstói, Dostoiévski ou Górki, para mencionar alguns, vinham para o vernáculo através das edições francesas ou castelhanas. E, embora não poucas exibissem a assinatura de nomes firmados em nossa literatura, não poderiam, com todo o talento de seus autores, superar milagrosamente "o defeito capital, o mesmo pecado" que Cansino Assens, realizador da edição Aguilar de Dostoiévski, observou com respeito às traduções da obra

18. Da Civilização Brasileira.

dostoievskiana, empreendida por um grupo de "distintos escritores" espanhóis: o de não "serem feitas diretamente do texto russo, mas de outras versões". Em suma, no nosso caso era de segunda e até terceira mão, se levarmos em conta, como evidencia a citação acima, que na fonte parisiense também se abeberavam ibéricos sequiosos.

A isso acrescia que, além das tremendas deficiências configuradas pela tradução de tradução, os originais não se apresentavam em estado menos duvidoso. Inçados de infidelidades, cheios de cortes, não passavam às vezes de adaptações ao que se julgava ser o gosto do público e, na própria França, só nos anos mais recentes, e mesmo recentíssimos, é que surgiram versões à altura. Ainda assim, vale notar – segundo apontou B. Schnaiderman em artigo – que a Pléiade, conhecida pelo rigor de seus textos, incluiu em sua edição do acervo dostoievskiano uma *Niétotchka Niezvânova* estilisticamente aparada, ajeitada, despida da aparente despreocupação formal que constitui a forma tão característica do autor de *Crime e Castigo*. Os tradutores, Henri Mongault e Lucie Desormonts, embora não mutilassem o texto, longe disso, não se furtaram à tentação de requintar, no molde do elegante fraseado francês, um romance que Cansino Assens ajuíza "prolixo [...] escrito em estilo igual e opaco, como uma confissão segredada e ininterrupta".

Destarte, aonde poderiam levar essas *belles infidèles* que nos serviram, quase sempre sem maiores averiguações, de modelo de virtudes? Não só a pecadilhos de pequena monta, mas a frutos espúrios onde a paternidade dos escritos se faz irreconhecível. É ao menos o que deixam transparecer aqueles que, como Paulo Rónai ou Boris Schnaiderman, dispondo de meios de cotejar os originais russos, têm tratado do assunto na imprensa literária. É pena que só o abordem ligeiramente. Pois deve tratar-se de um polpudo e saboroso capítulo a acrescentar à história, já por si às vezes tão pitoresca, desse reino em cujo brasão persiste, até certo ponto indelével, o *traduttori, traditori*...

Mas, ao que tudo indica, o capítulo em apreço está chegando ao fim. As principais editoras começam a tomar consciência da necessidade de apresentar condignamente os autores russos, por meio de transposições diretas. Com isso só perde o anedotário. Do ponto de vista cultural o lucro é imenso. Abrange mesmo mundos inteiros, como o universo tchekhoviano que B. Schnaiderman soube descerrar tão bem ao nosso público ledor. Não apenas ao leitor médio, mas outrossim a quem já conhecia amplamente o grande contista.

Com efeito, seleção apurada de quem escolheu depois de ler tudo quanto o autor produziu, tradução fiel que se impõe no mais leve exame comparativo e na justeza minuciosa das notas, estes *Contos* trazem, ainda, um prefácio que lança uma luz realmente esclarecedora sobre a obra desse que, ao lado de Katherine Mansfield, tanto influiu na subversão dos quadros tradicionais do relato curto. Estudando-o, diz o tradutor: "os seus 'contos de atmosfera', em que procurou apresentar uma situação mais do que narrar uma história, não se transformaram num padrão uniforme. Mesmo no período de plena madurez de sua arte, escreveu histórias bem características, com início, meio e fim, desde que o tema abordado exigisse tal tratamento". Isso vem a calhar num momento em que a jovem geração de contistas brasileiros debruça-se com empenho sobre problemas dessa ordem. Aos que exageram na pontuação subjetivista, o prefaciador dessa edição parece sugerir que procurem um santo mais seguro.

Contudo, essa é apenas uma insinuação de um prefácio que não persegue evidentemente intuitos polêmicos e que pretende apenas desnudar um Tchékhov de corpo inteiro, a essência múltipla de um universo artístico onde coexistem "um otimista e um pessimista, um revolucionário e um céptico, um apaixonado e um escritor que afirmava a necessidade de estar completamente frio no momento da criação, um materialista convicto... e um espiritualista". Ao objetivar plenamente o seu propósito, na melhor tradução de Tchékhov em língua portuguesa, Boris Schnaiderman prestou um serviço à nossa cultura.

QUEM ESTÁ EM JOGO?

Dostoiévski projeta em *Um Jogador* a vertiginosa roleta a que a alma da Rússia estava sendo arrastada. Relendo agora a novela de Dostoiévski, *Um Jogador*, na excelente tradução de Boris Schnaiderman, ocorreu-me que eu estava lendo uma obra que jamais havia lido. Não que não me recordasse de passagens e figuras desse livro. Até achava, com muita segurança, que os principais aspectos do enredo e das personagens continuavam configurados e salientes nas menções que fiz do texto quando o invoquei, a propósito do relato de Leonid Tsipkin, *Verão em Baden-Baden*, que certamente tem tudo a ver com o autor de *Os Demônios*, mas, em particular, com aquele momento de sua escritura criativa. Na verdade, porém, eu estava injetando os meus retalhos de memória do narrador-jogador na figura tsipkiana de Dostoiévski-jogador. Embora estreitamente conjugados com o registro deixado pela segunda esposa do romancista, Ana Grigoriêvna, eles correspondem a alguns dos traços marcantes do eu-narrador que, rememorando os fatos e suas próprias vivências, constrói o relato dostoievskiano, cujo cenário é Roletenburgo. Mas o que desta vez se me impôs com uma clareza anteriormente obscurecida – quer me parecer – pelo embarque empático e emotivo de leitor nas vicissitudes do apaixonado preceptor e desvairado jogador que constituem a lançadeira mestra do tecido novelesco é que, para além do estudo individual de caracteres consubstanciado nas diferentes personagens e desenvolvido na trama de suas relações, o autor compõe, na realidade, um quadro muito mais abrangente e crítico daquilo que lhe parece caracterizar o homem russo.

A bem dizer, veio-me ao espírito que o conjunto da escritura assim tramada projeta, pelo jogo social e psicológico das dúbias figuras e de suas motivações, pela irracionalidade de suas paixões e de seus caprichos, bem como pelo cortejo de suas partidas com o mundo ocidental-europeu, sob suas individuações ficcionais como alemães, franceses e ingleses, ou seja, por uma semiose simbólica de seus elementos, um "duplo" da vertiginosa roleta a que a alma da Rússia, na visão do escritor, estava sendo arrastada. Pois, como explicar de outro modo os comportamentos desenfreados, fora de qualquer cálculo racional, sob o império da compulsão e/ou do vício, de todas as personagens russas que, em conjunto com o narrador, movimentam e expõem, por assim falar, a sua passionalidade cega, gerada pelo fatum, na escritura de seus móveis e seus destinos.

Não é somente o jogador que é visto sob esse ângulo. A figura dominadora e autoritária da avó, Mária Filípovna, que aparece, num primeiro momento, para conter as jogadas cegas de seu herdeiro, o general, desfaz-se grotescamente na velha aloucada que se entrega compulsivamente às promessas da bolinha rodopiante que lhe subtrai quase toda a sua fortuna, até o último rublo, salvando-se provavelmente apenas o que não pôde apostar por não estar à mão, e sim na Rússia. Também o general joga com a morte da avó, não só nos seus negócios e dívidas com o marquês Des Grieux, cujo perfil é desenhado com particular ferocidade satírica antifrancesa, como nos seus lances de amor pela *demi-mondaine*, Mlle Blanche, com quem almeja casar-se, não obstante o fato flagrante a todos, e a ele próprio possivelmente, de que só a pura aritmética do dinheiro e o interesse pela posição social, na hierarquia europeia novecentista, ditam as aproximações e ações de sua amada.

Algo semelhante pode ser dito sobre a figura e a conduta de Polina – enteada do general e inexplicavelmente enleada nos vãos brilhos do marquês – a quem o narrador-jogador ama desvairadamente, e por cuja instigação, ou como demonstração de sua fixação quase obsessiva pelo objeto de seu desejo, atira-se às jogadas mais incríveis e desarrazoadas, seja com as moedas no pano verde, seja com as pessoas nas roletas da vida.

Aos olhos de Dostoiévski, esse modo de ser é incompreensível para o ocidental que, na sua mentalidade mercantilista – em que a lógica do lucro e do sucesso material constituem os valores primordiais, mesmo quando não estão a serviço de interesses mais mesquinhos – o utiliza para manipular, explorar e dominar sob a bandeira da ética da razão e do progresso material. É o que o autor faz dizer a Mr. Astley, uma das personagens da novela. Esse inglês, rico, sempre bem informado sobre as coisas e a situação dos outros actantes do romance, também enamorado de Polina, tem presença providencial e estranha interlocução com o jovem preceptor, Aliéksei Ivanovitch, todas as vezes que este se encontra em dificuldades ou em crise. E no seu último diálogo com o narrador-jogador, uma espécie de síntese de caráter e condição, observa a respeito do amor-rejeição de Polina e de tudo o que marginaliza o seu interlocutor:

[…] ela o ama até hoje, mesmo assim vai ficar aqui! Sim, o senhor se destruiu. Tinha algumas capacidades, um temperamento vivo, e era uma pessoa nada má; podia ser mesmo útil à sua pátria, que tanto precisa de gente, mas há de ficar aqui, e a sua vida acabou. Não o estou culpando. A meu ver, *todos os russos são assim. Se não é a roleta, é outra coisa semelhante.* As exceções são demasiadamente raras. O senhor não é o primeiro a não compreender o que é o trabalho (não estou falando do seu povo). A roleta é um jogo russo por excelência. Até agora, o senhor foi honesto e preferiu tornar-se criado a roubar [...], mas eu tenho medo de pensar no que pode acontecer no futuro. Chega, adeus!

Ora, essas palavras do inglês, que podem ser consideradas como uma visão unilateral de alguém que não entende por diferenças culturais a alma russa, são referendadas pelo relato que o autor faz e pelo modo como enovela as suas personagens e as exibe. É como se conduzisse o escrito para uma tese, cuja argumentação se desenvolve no diálogo e nas ações das personagens, e cuja conclusão Dostoiévski, furtando-se de assumi-la por inteiro, coloca na boca de Mr. Astley. Ainda que no último parágrafo o jogador a contradiga aparentemente, ponderando: "Se eu fui rude e estúpido referindo-me a Polina e Des Grieux, ele foi rude e apressado em relação aos russos". Mas é preciso ter em conta que, logo a seguir, a própria personagem, como que desfaz o dito anteriormente, acrescentando: "de mim próprio não digo nada. Aliás... aliás, tudo isso, por enquanto, não é o essencial. São apenas palavras, palavras e mais palavras, mas é preciso ação! O principal, agora, é a Suíça! Amanhã mesmo; oh, se fosse possível partir amanhã mesmo!" Mas ele não partirá... E com isso ficará na mesa do pano verde o sonho de "Nascer de novo, ressuscitar." Pois "É preciso demonstrar-lhes...", o que não será demonstrado...

DOSTOIÉVSKI CONTINUA PERSEGUINDO OS JUDEUS OU OS JUDEUS CONTINUAM PERSEGUINDO DOSTOIÉVSKI?

"VERÃO EM BADEN-BADEN", DE LEONID TSÍPKIN

A literatura de ficção em seus modos tradicionais que poderiam incluir nesse caso, sem maior contradição, uma boa parte do assim chamado moderno (com exceção, é claro, do que se lhe agregou como "pós"), parece a muitos, e de há muito, ter esgotado o seu repertório criativo de inovações que poderiam ser tidas como realmente originais. Tudo se afigura haver sido dito ou, ao menos, desqualificado pelo enfarado olhar do *dèjá-vu*. Poucos, dentre os que se ocupam dela não só por gosto mas principalmente por uma relação de ofício, esperam se deparar com alguma surpresa... Após um primeiro bocejo condescendente, poderão não chegar ao segundo bocejo confirmativo, começando a ficar com a articulação bucal mais distendida (não a ponto de deixar cair o queixo em proeminência embasbacada) por um inesperado repuxão de "alto lá", "atenção", "não seja tão maquinal na recusa e tão fechado no que a invenção literária pode reservar-lhe e, de fato, ainda tenha a oferecer-lhe". Foi o que aconteceu com um aposentado leitor, dublê de crítico, que em certo momento de sua vegetativa disponibilidade se pôs a ler a novela de Leonid Tsípkin, *Verão em Baden-Baden*. Deliberadamente deixou para o fim a introdução em que a celebrada e polêmica ensaísta americana, Susan Sontag, faz a apresentação da obra e do autor. Isso porque sempre suspeitou que tais preâmbulos – embora não se furtasse a fazê-los, quando solicitado – induzem a um prejulgamento e embotam a experiência direta de quem vai se relacionar com um texto ficcional. Assim, pelas linhas do volume que lhe havia chegado *on-line*[19], de Nova York, embarcou no trem da linha Moscou-Leningrado (ou, na nova prolação pós-soviética, Petersburgo, com o santo oculto), juntamente com o novelista e viu-se com ele a correr pelos trilhos da bitola larga de dois séculos, tanto russa, quanto alemã, em perseguição à verdade sobre Dostoiévski, na alma possessa de *O Jogador* e no jogo febril dos estados de espírito de uma complexa personalidade desfazendo-se e recompondo-se prismaticamente ao azar da roleta no cassino de Baden-Baden. O itinerário, apesar dos vários ramais que são percorridos em sincronia, num verdadeiro feito de ubiquidade escritural, é o das páginas do diário de Ana Grigoriêvna, segunda mulher de Fíodor, e particularmente as que ela dedica ao seu convívio com o marido durante a dramática e emblemática viagem do casal à estação de águas, onde o escritor-personagem faz as apostas de sua compulsiva busca da fortuna nas partidas com o destino, na vida e nas letras.

Como jogadas nesse pano verde existencial, o narrador-leitor, à medida que vai desfiando imagens de sua invocação em elementos e tecido de relato, torna atual e sensível sentimentos,

---

19. L. Tsípkin, *Summer in Baden-Baden*, New York: New Direction, 2001. L. Tsípkin, *Verão em Baden-Baden*. Introdução de Susan Sontag, tradução do russo de Fátima Bianchi, São Paulo: Companhia das Letras, 2003.

paixões, obsessões, premonições e antevisões que presentificam textualmente a epiléptica instabilidade emocional de Dostoiévski e o seu visionário poder de penetração nas regiões profundas do existir humano, onde, segundo Rilke, "tudo é lei". Se o ponto de aglutinação desse enredo é o amor como idealização e não menos posse do outro, arrebatamento dos sentidos e entrega erótica, a ele se contrapõem e o rebatem, em erupções sadomasoquistas, as ondas revoltas da raiva, da frustração, da loucura persecutória e do egocêntrico culto à própria genialidade – um magma em que se fundem as relações do escritor-vidente, mesmo quando expressas no plano pessoal e conjugal, com o seu mundo russo e europeu. Aí se desenha, na contemplação lírica da natureza e no confrangido olhar sobre as "pobres gentes", o Dostoiévski místico e cristão fervoroso, mas também, como sua contraface, o escritor imbuído de sua importância que se empenha no ajuste de contas filosófico, religioso e artístico, com aqueles que se lhe opõem estética e intelectualmente e lhe negam, na disputa histórico-crítica, o lugar que a ele parece lhe ser devido e que sua obra merece ocupar, a seu ver, na literatura russa da época, mas sobretudo da posteridade. Assim, referidos pelos fatos que balizaram a recepção dada a princípio ao jovem romancista pelo círculo mais representativo e determinante dos valores vigentes na produção literária da Rússia de então, Bielinski, Turguêniev, Nekrássov, Gontchárov e Panâiev, enforma-se escrituralmente diante do leitor, numa sucessão cinematográfica da palavra-imagem, magistralmente captada pela busca de Dostoiévski no tempo de Dostoiévski e no da recuperação do tempo do autor no monólogo interior de Tsípkin.

Tsípkin, porém, na sua viagem imaginativa e novelística não fica nisso. Por uma técnica narrativa singular que resulta efetivamente em uma inovação de linguagem (na medida em que o fluxo narrativo, apesar de alimentar vários cursos paralelos, corre ininterrupto e célere, com respiro apenas de hifens e pontos finais), põe a falar e traz à cena ficcional as vozes, os pensamento, as situações e as tramas não só do universo do romancista e a visão e a reação de

Ana Grigoriêvna no torvelinho psíquico das tentações, das aspirações e das ilusões em que febricita a alma visionária e apaixonada de Dostoiévski, como logra inserir, em contraponto e no contexto monológico do eu narrador, a dimensão de sua própria vivência, enquanto judeu russo a braços com a sua contemporaneidade, isto é, a da revolução bolchevique, do stalinismo, da guerra, do antissemitismo e da marginalização em um meio a que todo o seu ser e modo de ser o ligam, o qual, não obstante, o repele em essência, visceralmente.

É a essa conclusão que o desenvolvimento do relato induz, quando a viagem se consuma e o autor, tendo chegado ao seu destino na antiga capital imperial e se hospedado em casa de uma amiga de sua mãe (uma judia russa cuja vida é evocada em seu curso no período soviético, na guerra e posteriormente – não diferindo em nada do que todo o povo russo passou e sofreu), folheia, antes de adormecer, o penúltimo volume de uma edição da obra de Dostoiévski, o *Diário de um Escritor*. E, ao deparar-se com o tópico intitulado "A questão judaica", propõe-se-lhe algo que já viera antes à sua mente, mas que agora se consubstancia numa reflexão em que se estabelece o outro polo de sua angustiosa e dilemática busca de si próprio em Dostoiévski:

sua descoberta nem chegou a me surpreender, porque em algum lugar ele tinha de concentrar todos esses judeus, judeuzinhos, a judiaria e suas crias, com que ele tão à larga borrifou as páginas de seus romances – ora com o tipo do Liámchim, de *Os Demônios*, que se fazia de bufão mas chegava a ganir de medo, ora com o tipo do arrogante e ao mesmo tempo covarde Issai Fómitch, de *Memórias da Casa dos Mortos*, que não tinha escrúpulos em emprestar dinheiro a juros exorbitantes a seus companheiros condenados, ora com o tipo do bombeiro de *Crime e Castigo*, com sua "eterna aflição rabugenta, que com tanto azedume se estampava em todos os rostos da tribo judia, sem exceção,

e com sua pronúncia risível, reproduzida no romance com um prazer requintado, especial, ora com o tipo do judeu que crucifica uma criança cristã e em seguida corta seus dedos, deleitando-se com a agonia dela (o conto de Liza Khokhlávova, de *Os Irmãos Karamázov*), e mais frequentemente com o tipo dos usurários anônimos, dos comerciantes sem escrúpulos e dos trapaceiros miúdos, que nem sequer são descritos, mas simplesmente mencionados como judeuzinhos, e ainda com mais frequência por substantivos comuns, denotando os traços mais baixos e vis do caráter humano – não havia nada de surpreendente no fato de o autor desses romances, no fim de contas, ter expressado em algum lugar seu ponto de vista sobre esse tema, apresentado finalmente sua teoria – entretanto, não havia nenhuma teoria especial, mas argumentos e mitos antissemitas bem banais (que, entre outras coisas, eram aceitos até aqueles dias): sobre o envio de ouro e brilhantes pelos judeus à Palestina, sobre a judiaria mundial, que com seus tentáculos vorazes por pouco não enredava o mundo inteiro, sobre a exploração inclemente e o embriagamento dos russos pelos judeus, o que tornava impossível a concessão de direitos iguais aos judeus, caso contrário eles acabariam por devorar completamente o povo russo, e etc. – eu lia com o coração batendo, esperando encontrar ao menos uma luz em todas essas reflexões que poderiam ser ouvidas de qualquer membro da Centúria Negra, ao menos um movimento em outra direção, uma tentativa de ver toda a questão de um ponto de vista novo – os judeus tinham permissão apenas para professar sua religião e nada mais, e me pareceu estranho ao ponto do implausível que um homem tão sensível aos sofrimentos humanos em seus romances, tão cioso defensor dos humilhados e ofendidos, que pregava ardorosamente, e até quase freneticamente, o direito à existência de cada criatura terrestre e que cantava hinos de exaltação a cada folhinha e a cada talo de planta, que esse homem não tivesse encontrado uma única palavra em defesa ou em justificativa de um povo perseguido ao longo de milhares de anos – seria ele tão cego? ou talvez estivesse cego de ódio? – e ele nem mesmo se referia aos judeus como um povo, mas como uma tribo, como se fossem uns selvagens das ilhas da Polinésia – e dessa tribo faziam parte eu e numerosos conhecidos ou amigos meus, com os quais eu discutia questões sutis de literatura russa, e a essa mesma tribo pertenciam Leonid Grossman, Dolínin,

Zilberstein, Rosemblium, Kirpótin, Kogan, Fridlender, Bregova, Borschiévski, Gozenpud, Milkina, Gus, Zundilóvitch, Chklóvski, Biélkin, Bergman, Dvóssia Lvovna Sórkina e uma grande quantidade de críticos literários judeus, que detêm quase o monopólio dos estudos da herança literária de Dostoiévski – havia algo de pervertido e até, à primeira vista, enigmático nesse afã apaixonado e quase reverente com que eles dissecavam e até hoje continuam a dissecar os diários, as cartas, as anotações, os rascunhos e até os menores fatos que se referem a um homem que desprezava e odiava o povo ao qual eles pertenciam – algo que lembrava um ato de canibalismo cometido contra o chefe da tribo inimiga – é possível, entretanto, que essa atração especial que Dostoiévski parece exercer sobre os judeus possa revelar alguma outra coisa: um desejo de se esconder a suas costas, como se fosse ele um salvo-conduto – algo como a aceitação do cristianismo ou da cruz pintada na porta de uma casa judia na época do *pogrom* – de resto, não se pode pura e simplesmente excluir, aqui, o dinamismo marcante dos judeus, particularmente nas questões que se referem à cultura russa e à conservação do espírito nacional russo, o que, aliás, está completamente em conformidade com a hipótese precedente – já não se ouvia o ruído de bondes passando do lado de fora, eu havia apagado a luz fazia tempo..."[20]

Mas, ainda assim, o narrador não consegue adormecer. Na indevassável noite de inverno de Petersburgo, o seu "duplo" torna a emergir da eternidade do tempo de uma vigília que se faz insônia e de cujas sombras se projeta "uma figura solitária, de calças justas xadrez, com cartola preta e uma sobrecasaca preta berlinense com os bolsos estufados de sanduíches e as abas esvoaçando" a correr "pela plataforma coberta de neve de uma estação de trem entre Baden-Baden e a Basileia, saltitando, fazendo reverências"[21] –, o fantasma de Dostoiévski volta a persegui-lo.

20. Edição brasileira, p. 187-170.
21. Ibidem.

No desenvolvimento final da novela, levando a cabo o propósito de sua viagem, o narrador vai visitar o apartamento-museu em que o autor dos *Irmãos Karamázov* viveu com Ana Grigoriêvna e os filhos, após o retorno do exterior e onde veio a falecer. No percurso, obsessivamente impelido por sua busca, começam a se lhe apresentar, numa visão espectral, personagens saídas dos romances de Dostoiévski e incidentes com o próprio escritor que tiveram aquelas ruas por cenário. E quando chega ao seu destino e, como todo visitante, vai adentrando os aposentos e perpassando os objetos em que o olhar ainda pode surpreender a lembrança de seus antigos donos, sua imaginação já está imersa de novo no diário de Ana Grigoriêvna, recompondo novelisticamente seus registros das vicissitudes daqueles anos em que, sob o zelo amoroso da esposa e as preocupações desta com o futuro da família, Dostoiévski e sua atormentada consciência são levados ao leito de morte. Tsípkin o realiza com mão de mestre, em quadros que merecem um lugar à parte na arte narrativa de nosso tempo. Seu culto a esse devassador do abismo do espírito humano se faz visão do insondável mistério da existência e contingência do homem, na figura do gênio.

Mas, ao fim, o autor de *Verão em Baden-Baden* desce do céu de sua admiração para o inferno de seu questionamento. Acorda de sua contemplação extática e pergunta-se angustiadamente:

o quê, propriamente, eu vim fazer aqui? – por quê é que me sentia tão estranhamente atraído e seduzido pela vida desse homem que desprezava a mim ("é evidente", "é sabido", como ele gostava de falar) e aos meus semelhantes? – e não teria sido por isso mesmo que eu vim para cá na calada da noite e fiquei andando, como um ladrão, por essas ruas ermas e desertas, abarrotadas de neve? – não teria sido por isso que, ao visitar seu apartamento-museu na Kuzniétchnaia ou alguns outros lugares relacionados a ele, me mantivera à parte ou na retaguarda, como se tivesse ido parar ali por acaso e nada disso tudo me interessasse muito?[22]

22. Ibidem, p. 206.

FORA DO TEMPO

À memória de Boris Schnaiderman.

Outro dia, correndo os olhos por minha estante, detive-me, por acaso, com a coletânea de contos de Maksim Górki, traduzidos para o português. Era uma publicação da Philobiblion, do Rio de Janeiro, numa reedição da versão anterior de 1962 da Civilização Brasileira. O tradutor, pela reconhecida qualidade de sua contribuição nessa área, suscitou em mim a vontade de relê-los. E, ao fazê-lo, pareceu-me que o reencontro desses relatos com o eu-leitor gerou em minha imaginação não só o mundo pelo qual sempre fui atraído, como pelo encanto e a modulação de uma escrita. E isso por vários motivos.

O primeiro é que, fiel aos princípios que veio guiando o seu trabalho nesse domínio, o tradutor reviu a racolta gorkiana com o mesmo cuidado que dedicou a outras traduções suas, de autores russos, reimpressas nos últimos anos, como ocorreu especialmente com os relatos de Tchékhov, em 1985. E o resultado desse esforço foi dos mais compensadores para o leitor de língua portuguesa.

Mas, independentemente da maior confiabilidade da versão, na medida em que ela passou a ser produto de sucessivos cotejos rigorosos com o original, o que importa em realizações desse gênero, e é marcante no caso em exame, é a qualidade literária da transposição. É claro que o brilho é de Górki, cabe supor, mas, em português, não deixa de ser, e em larga medida, também a de seu veiculador nesta língua. Aliás, trata-se de uma característica que o distinguiu ao longo do tempo como tradutor de ficção. A sensibilidade e a garra de ficcionista afeito ao corpo a corpo com a palavra conferiram a seus textos, no pormenor designativo e na articulação configurativa, uma precisão vocabular e uma fluência de linguagem relevantes, colocando-se entre o que de melhor se fez em nosso meio, em matéria de tradução do russo, como os comentários críticos assinalaram reiteradas vezes.

Na verdade, efetuando um verdadeiro trabalho de recriação do escrever gorkiano, Boris Schnaiderman parecia possuir para cada sugestão ou referência textual do autor russo a expressão adequada e funcional em português, ou seja, a transcriação que, à vista e à impressão ledora, se ajustava como uma luva ao fluxo narrativo e às nomeações que o compõem. E isso sem incidir nos antigos espartilhos literários do "bom" estilo padronizado.

Mas antes, ao contrário, depurando do que ainda restava de suas imposições na primeira apresentação dos contos ou em vernáculo a linguagem de Górki flui, nessas condições, como se tivesse sido concebida e grafada em nosso idioma, sem que os estrangeirismos russos – necessários, sem dúvida, para exprimir elementos específicos e, mais ainda para colorir com matrizes locais diferentes aspectos dos textos – introduzam uma perturbação na leitura. Essa qualidade tornou-se tanto mais valiosa quanto as histórias gorkianas tão marcantes na sua caracterização da paisagem humana russa abordada pelo escritor não são menos expressivas com respeito à paisagem que as cerca. Um dos traços talvez mais peculiares do autor é o seu pincel de pintor da natureza. As suas tintas verbais são carregadas de tons subjetivantes que constituem mais uma expressão da sua marcada tendência romântica. Para acompanhá-lo nessa captação lírica dos ambientes é preciso contar com recursos linguístico e sensibilidade poética. E ambos não faltaram ao tradutor. Por outro lado, cabe assinalar a precisão de seu verbo nas caracterizações objetivas e materiais das ações e do quadro em que se movem as personagens de Górki.

Com isso, as referências psicológicas e sociais dessa humanidade que no seu desarraigamento, na sua vagabundagem, na sua orfandade material e, às vezes, espiritual, fica entre a miséria de suas vicissitudes de vida e a riqueza de suas potencialidades humanas e espirituais, o que se traduz, no plano ficcional, num jogo nem sempre bem rematado entre fortes retratos realistas e vagos anseios românticos.

A distância abolida do tempo do mundo gorkiano desfaz-se na realidade da vida e ela é também da morte, fatalidade que não deixou escapar, depois de escritas estas linhas, um homem que consagrou sua vida à palavra dos homens.

CAMUS EM VEZ DE SARTRE

A outorga do Prêmio Nobel de Literatura a Albert Camus provocou certa reação nos meios literários. Não que o autor de *Le Mythe de Sysiphe*, *A Peste* (tradução pela José Olympio Editora) e *L'Étranger* não esteja à altura do laurel. Camus é certamente um dos legítimos valores das letras universais contemporâneas e sua obra conta entre o que de melhor se produziu nas últimas décadas. Entretanto, se se tratava, como é o caso, de atribuir o prêmio à França, outros escritores tinham talvez direitos mais líquidos. Por exemplo: Malraux, e sobretudo J.-P. Sartre.

O "papa" do existencialismo do após-guerra, a figura que centralizou o recente surto filosófico e artístico dessa corrente, é por todos os títulos a primeira personalidade literária da França e uma das mais notáveis de nossa época. Inteligência lúcida, versátil e original, abordou com igual mestria as mais variadas formas de expressão, imprimindo em todas a marca de um espírito realmente criador e irradiante, do qual o próprio Camus é de certo modo tributário. A sua obra compreende estudos filosóficos (*L'Imaginaire*; *L'Être et le néant*; *Esquisse d'une théorie des emotions*; e outros textos), ensaios literários e políticos (*Situations*; *Baudelaire*; *Réflexions sur la question juive* etc.), bem como romances, novelas (*Les Chemins de la liberté* – trilogia; *La Nausée*; *O Muro* – Civilização Brasileira) e teatro (*Les Mouches*; *Huis Clos* – traduzido como *Entre Quatro Paredes*; *Nekrassov* etc.). Esse conjunto, em que uma individualidade inconfundível emprega um amplo instrumental para configurar e examinar os problemas da consciência e da condição do homem, é reconhecidamente uma das grandes forças da vida intelectual moderna. O seu quilate e âmbito de influência comporta, sem dúvida alguma, os mais altos lauréis internacionais.

Mas o autor de *A Idade da Razão* (edição brasileira da Difel) é um escritor "participante". Voltado fundamentalmente para a nossa época e a nossa sociedade, realiza a seu modo, com uma independência e coragem por vezes surpreendentes, uma militância não só literária e filosófica, como também política. Sartre comparece com a sua sutil inteligência crítica a quase todos os debates e conflitos da atualidade e, o que é mais, não hesita em assumir atitudes e posições que, embora desagradem amiúde a gregos e troianos, são em essência esquerdistas. Não seria esse o peso decisivo na balança da Academia Sueca? Se assim for, os pesos e as medidas da nobre instituição estão a exigir uma aferição...

UM INTÉRPRETE BRASILEIRO DE PROUST

A obra de Proust, por sua própria importância para a literatura, já foi objeto de copiosa e pormenorizada exegese, que a estudou sob os mais variados ângulos. Entretanto, não se trata de assunto esgotado, como bem o demonstrou Álvaro Lins, com sua tese sobre *A Técnica do Romance em Marcel Proust*, publicada pela José Olympio Editora.

Esse trabalho do eminente crítico brasileiro apresenta um duplo significado para a bibliografia proustiana: assinala o aparecimento da mais completa análise em português sobre a matéria e os métodos romanescos em *À la recherche du temps perdu* e, ao mesmo tempo, de uma interpretação que visa reintegrar Proust na linha clássica do romance ou, mais do que isso, demonstrar a sua legítima filiação às raízes principais do gênero.

Na verdade, a obra de Proust tornou-se um dos símbolos e fundamentos do tremendo sopro renovador que revolveu a literatura contemporânea, destruindo moldes e padrões consagrados, alargando o campo e as possibilidades da ficção, revigorando o papel da personalidade artística e libertando o escritor de um formulário cômodo, mas inadequado para os horizontes que se abriam à consciência do homem do século XX. É claro que ela possui precedentes perfeitamente configurados e, se o gênio de seu autor conseguiu conformá-la nessa peça-mestra em que se transformou, foi graças a tendências e necessidades iniludíveis, da literatura e da própria vida.

Entretanto, por mais que correspondesse a uma solicitação, o seu surgimento representou um impacto sobre as concepções então aceitas no romance e o eco da estupefação, das incompreensões e das reações, ressoa até hoje na crítica literária. Assim, alguns dos problemas continuam na ordem do dia e sua atualidade é tanto maior quanto, no fundo, envolvem a apreciação de pontos essenciais na moderna ficção. Tal é o caso da pertinência ou não de *À la recherche du temps perdu* ao gênero romanesco.

Tanto do ponto de vista da forma como do conteúdo, a dúvida parecia – e ainda parece – das mais legítimas. Com efeito, a estrutura revolucionária dessa obra, a ausência de um enredo no sentido clássico, o papel da "memória involuntária" como fio ordenador, auxiliado pela imaginação, dos acontecimentos evocados por "movimentos privilegiados" das sensações e, portanto, a função do tempo como super--personagem, como a quarta dimensão do Narrador, que realmente reúne, aglutina, estrutura e valoriza a feição-lembrança das figuras e das coisas captadas em sua mutabilidade material, social e psicológica, ou melhor, suscitadas da realidade caótica dos fenômenos, ampliavam desmesuradamente a matéria e o âmbito romanescos. Além disso, dissolviam o primitivo conceito de unidade formal e introduziam a subjetividade não mais sub-repticiamente, porém abertamente, tanto na apreensão, como na expressão artística. Estes e outros atentados contra os paradigmas tradicionais – como, por exemplo, as largas interrupções das narrativas por verdadeiros ensaios de filosofia, psicologia, literatura e arte, de um lado, e, de outro, as descrições exaustivas da vida da alta sociedade francesa, a captação quase pontilhista dos objetos de êxtase estético (flores, perfumes, *toilettes* etc.) –, levantaram muitas indagações quanto ao gênero em que de fato se classificaria a obra de Proust. Seria justo incluí-la na esfera do romance? Não seria antes um livro de memórias, um diário íntimo, uma coletânea de crônicas mundanas e comentários sobre assuntos diversos, brilhantemente escritos, mas apenas agregados e justapostos, sem unidade orgânica? Em suma, muitos negaram a Proust a qualidade de autêntico romancista e à sua criação o equilíbrio das partes necessárias a uma composição bem-sucedida.

Era a consequência natural da "perturbadora originalidade" de uma obra "que é – assinala agudamente Álvaro Lins – como construção romanesca, uma espécie de sistema literário com todas as características de invenção e descoberta". Proust, ao querer traduzir em termos de ficção a rica experiência de sua vida, as emoções de uma sensibilidade ímpar e as reflexões de um espírito que dominava a cultura de seu tempo, estabeleceu a conjunção de um grande talento com uma necessidade histórica e artística – a da renovação dos quadros e da estrutura do romance. Era o imperativo de uma realidade social e humana que desenvolvera extraordinariamente os seus modos de existência material e sua maneira de atuar sobre o mundo, que distinguia um número sempre crescente de gradações e contradições no ser e na consciência e que exigia, portanto, para as suas manifestações literárias, e sobretudo na ficção, novos instrumentos para captar e novas molduras para conter essa multiplicidade. Daí a consciência das formas de consciência que preside À *la recherche du temps perdu*. Ela é multifacetada devido à sua própria amplitude e impõe-se com essas dimensões à forma romanesca. E foi exatamente porque se configurou pela primeira vez em sua plenitude na obra de Proust é que essa obra se tornou "a forma por excelência do romance moderno", ao lado da de Joyce, por certo.

Encaremos essa obra como quisermos, chamemo-la de produto de uma classe em decadência ou de acume da moderna sensibilidade artística na ficção, a verdade é que nela se expressa um ponto nodal da literatura contemporânea, um desses momentos críticos que sintetizam na sua maneira de ser particular o modo de ser geral e, em seu movimento, a transformação em processo e a já processada. Assim, para ela conflui não só a consciência, negativa ou positiva, de uma época, mas o conjunto das tradições e das experiências artísticas antecedentes. Por isso mesmo, podemos descobrir em Proust

> aproximações e afinidades com Balzac, na capacidade de criar personagens e traçar o panorama da "comédia humana"; com Stendhal, na profundeza da análise psicológica; com Dickens, no dom de ver e representar o cômico; com George Eliot, na firmeza do intelectualismo; com Thomas Hardy, no pessimismo irrecuperável; com Dostoiévski, na audácia do avanço em domínio do subconsciente; com Tolstói, na amplitude de operar no romance como numa epopeia.

Tais parentescos, se de um lado nos revelam a soma de influências e características que por si só incluem, inteiramente, *À la recherche du temps perdu* na órbita do romance, de outro, não podem, é claro, traduzir as qualidades essenciais da obra proustiana, que é, como cosmo literário – com leis e formas inerentes, com sua singularidade de matéria e organização – incomparável, por sua própria natureza, a outros universos similares. Entretanto, exatamente como no caso de outras obras inteiramente realizadas, verificamos que o sistema particular constitui apenas a maneira mais adequada para reger determinado campo, o que não impede, mas ao contrário determina, a sua integração numa harmonia mais geral e superior. Ora,

> pelo feitio narrativo, pela maneira de se desenvolver a ação, pela natureza e pelo ritmo, é em termos de epopeia que deve ser apreciado o romance proustiano. Como [Proust] não tinha, porém, o senso heroico para colocar-se na linha grega, nem o sentimento de fé para se colocar na linha da epopeia de Dante, o seu romance sugere antes a lembrança de uma epopeia herói-cômica.

Em outros termos, a criação proustiana, forçada a abandonar moldes demasiado estreitos a fim de satisfazer a complexidade de sua matéria e de seus processamentos, reencontra numa etapa superior e moderna a "epopeia herói-cômica, e não no sentido da epopeia propriamente burguesa, mas numa linha que remontaria a Cervantes, por um lado, e, por outro lado, a Ariosto. E isso não representa uma descaracterização do romance: é o romance mesmo naquela categoria que Fielding o imaginara como epopeia cômica em prosa", conclui Álvaro Lins, tentando estabelecer novas coordenadas para a interpretação do "universo de imagens" edificado por Marcel Proust.

UM PEQUENO INTROITO
A UM GRANDE CAPÍTULO

Diderot nasceu em Langres, a 5 de outubro de 1713. Filho de um cuteleiro, por sua vez filho de cuteleiro, vinculava-se pelo lado materno a uma família onde havia vários clérigos. Essa conjugação do bom mestre Didier, reputado por suas sólidas virtudes burguesas, com Angélique, não menos reputada por suas prendas domésticas solidamente ancoradas no clericato, não poderia deixar de ter fecundas consequências. Com efeito, sete filhos nasceram desse matrimônio e, num deles, o entrosamente de tão virtuosos gens foi tão perfeito que daí resultou não apenas um burguês ou um clérigo separadamente, mas todo um *clerc*, um operoso mestre do intelecto consagrado à ordem das letras.

Seja pela excelência das qualidades geradoras, seja porque um de seus parentes próximos, o cônego Vingeron projetou – ou assumiu – constituí-lo sucessor de sua prebenda, o fato é que o pequeno Denis foi escolhido e viu-se condenado a receber uma educação. E de quem? Dos jesuítas. Só eles ministravam então "luzes" gratuitas aos "eleitos" do povo, abrindo-lhes, com a devida parcimônia e severidade, o caminho para o alto. Diderot foi, como exige o seu retrato, um aluno brilhante. E, mais do que isso, distinguiu-se em duas matérias cuja simples menção dá arrepios aos atuais gênios em incubação: latim e matemática. Mas, ao contrário do que se poderia induzir dessa sugestão, o garoto não era exatamente um aluno bem-comportado. Desde cedo andou às voltas com um diabrete – futuro diabo solto que daria tantas dores de cabeça à piedosa Companhia – que lhe inspirou certo espírito de independência e algumas ideias próprias. Resultado: a expiação da vara veio lembrar-lhe que longa e dura era a estrada da imortalidade. Naturalmente, ocorreu-lhe de pronto abjurar de ordens e voltar à modesta secularidade cuteleira. Mas, colocado entre a cruz e a caldeirinha, entre o trabalho do espírito no colégio jesuíta e o trabalho do corpo na oficina paterna, sua vocação sacerdotal impôs-se irresistivelmente. E, a 22 de agosto de 1726, foi tonsurado. Envergando sotaina e título de Sr. Abade, galgara o seu primeiro grau na clerezia.

O segundo, o que dava pleno *status* de canonicato à sua predestinação, parecia ao alcance do pé, dois anos mais tarde. Pois, em 1728, o bom cônego Vigneron julgou cumprida a sua missão terrena e chegada a hora de colher as recompensas celestes. Assim partiu para o além, e tanto mais satisfeito quanto, no derradeiro momento, ainda lhe era dado reforçar os seus direitos à perene gratidão, legando a Denis a dignidade. E assim penetrou o santo Cônego fautor de tão venerando projeto, na eternidade.

Mas alguém tinha outros planos a respeito do Sr. Abade. Até hoje não ficou muito claro quem seria. Alguns afirmam que foi ele mesmo disfarçado de outro e seus opositores replicam que foi outro disfarçado em ele mesmo. O fato é que alguém, por encomenda transcendental, desfez mui sutilmente as disposições do bem-intencionado testamento.

Primeiro foi o capítulo da catedral que suscitou dificuldades, sem cuidar naturalmente que desse modo iria criar outras bem maiores. Depois, a chamado da futura Enciclopédia, foi o jovem clérigo que resolveu tomar a peito seu destino de *clerc*. O pretexto era: completar os estudos sob a capa de um noviciado jesuíta. Mas Denis bem compreendia que sua decisão tinha um alcance bem maior. Estaria pensando em romancear a própria biografia, quando resolveu fugir para Paris? De qualquer modo, o seu pai não estava, ou não quis provê-la de rasgo tão aberrante, que comprometeria o equilíbrio do Terceiro Estado. Descobriu, pois, a trama pela boca do próprio culpado, reuniu o grande conselho de família e, por uma hábil manobra, reduziu a amplitude dessa primeira fuga à ordem da sucessão e dos poderes, conduzindo o moço Denis ao colégio Louis-le-Grand.

Ei-lo, portanto, a estudar lógica, física, moral, matemática e metafísica, a absorver o elemento sutil, o *pneuma* da imortalidade.

AS RUÍNAS DE "O LEOPARDO"

O Leopardo está entre os romances que ultimamente mais atraíram a atenção do público ledor. Logo após o seu aparecimento na Itália, viu-se traduzido para vários idiomas, alcançando amplas tiragens e mesmo a categoria de *best-seller*. É estranho que tenha chegado a conquistá-la.

Isso porque, embora a promoção a *best-seller* não implique inevitavelmente obra má ou medíocre, é certo que bafeja de preferência determinada espécie de literatura. Nela, a facilidade sentimental, a exploração do escabroso e do brutal, a magia do fantástico ou o fascínio do sensacional criam, de maneira mais ou menos padronizada, sem maior aprofundamento artístico (que afinal tudo legitima) emoções pouco custosas, epidérmicas, capazes de saciar de pronto as necessidades de entretenimento e evasão do homem da rua. São obras que visam o agrado imediato e a imediata recompensa... Mas a rápida popularidade também pode favorecer, já o dissemos, livros de bom quilate que por este ou aquele motivo suscitem a curiosidade geral ou se vejam envolvidos em escândalo ou sensação, como foi o caso recente de *Lolita*, de Nabokov, ou do *Doutor Jivago*, de Pasternak.

Mas nenhum desses fatores se apresenta em *O Leopardo*. Não houve especial comoção publicitária em torno de seu lançamento. Não oferece revelações políticas nem sexuais, não traz sequer intrigas ou aventuras que propiciem o suspense. Quanto ao estilo, coloca-se até nas antípodas do que se convencionou chamar "o gosto do grande público".

O príncipe de Lampedusa não faz concessões. Nunca perde a linha. A sobriedade, certo desdém pelo "vulgar", dominam o seu relato, onde o ceticismo e a ironia dissolvem todo exagero. No entanto, essa história siciliana de uma decadência aristocrática é desenvolvida apaixonadamente, com plena participação, com empenho vital. A cada linha é palpável a presença interessada do autor, de suas vivências e do espírito de seus manes. Obra que concentra a experiência e a reflexão de toda uma vida, foi escrita por alguém que sentia ser ele próprio "o último Salina, gigante mirrado que agoniza. Posto que o significado de uma linhagem nobre está todo nas tradições, quer dizer, nas recordações vitais e ele era o último a possuir recordações insólitas, distintas das outras famílias". É um livro do fim, escrito pelo último.

Seria, porém, absurdo reduzir *O Leopardo* à projeção autobiográfica. Pois trata-se de ficção, e da legítima. Nesse mundo romanesco sobreleva a figura de d. Fabrizio. É o centro gravitacional do relato. Tudo o mais é dado ou constituído a partir dele, da análise de sua contraditória personalidade, em que orgulho e intelectualismo, sensualidade e condescendência se opõem, anulando-a, condenando-a à passiva contemplação "da ruína de sua estirpe e de seu patrimônio sem dar mostras de qualquer atividade... sem tentar lhe pôr termo". Aferrado à sua impotência como a uma tábua de salvação pessoal, ele que, sendo da mais alta nobreza, deveria sentir-se cravado no solo, ter a solidez imóvel da pedra, uno, integrado na sua casta e nos seus valores, já é na realidade um deslocado, um marginal a seu meio, que capta em seu registro sensível o oscilar de seu mundo tradicional, uma consciência dividida que reflete, na sua tensão espiritual, o processo de desagregação e mudança social, de que é objeto e como que testemunha histórica. Em d. Fabrizio, Lampedusa criou, com toda individualidade psicológica e literária para a sua personagem, que afinal de contas se limita a viver a sua vida, um magnífico exemplar de uma época de transição.

Entretanto, seu drama não é apenas o das transformações políticas e sociais do *rissorgimento*, da ascensão por via garibaldina e piemontesa dessa nova força, que é a burguesia. Pois, a respeito, está de posse de um segredo tranquilizador: sabe que "muita coisa iria acontecer, mas tudo não passaria de uma comédia: uma ruinosa e romântica comédia com algumas gotas de sangue nas roupas burlescas". Entre as velhas e novas classes dirigentes celebrar-se-ia um casamento de conveniência: Tancredi, o sobrinho sagaz e admirado, desposa – por cálculo, por uma espécie de atração que não é a do coração, por uma espécie de instinto de conservação que sacrifica Concetta, a nobre Salina, de certa maneira com a cumplicidade do próprio pai – Angélica, neta do campônio Peppe M…, mas filha do burguês cada vez mais rico e poderoso, d. Calogera. Se tudo isso se consuma, na perspectiva dos personagens, não só premeditadamente, mas ao azar dos acontecimentos, num torvelinho de sentimentos nem sempre explicáveis, é indubitável, de outra parte, que o dinheiro novo revitaliza o sangue velho, que, por sua vez, assegura a continuidade de novos e velhos privilégios.

E na antiga terra siciliana tudo permanece na mesma. Mudam alguns protagonistas, porém o drama milenar – agora, misto de tragédia clássica e ópera romântica – prossegue, no fundo, imutável em sua recorrência.

Essa violência de paisagem, essa crueldade do clima, esta tensão contínua de tudo o que se vê, também estes momentos do passado, magníficos, mas incompreensíveis porque não foram edificados por nós, e que nos rodeiam como belos fantasmas mudos […].

continuam pesando, qual maldição sagrada, sobre a terra e a gente. Universo de ruínas, eternamente envolto pelo desejo de olvido e de morte, de voluptuosa imobilidade, agonizando, após a exaltação órfica de uma natureza que não conhece a temperança, na decomposição onírica de grandezas perdidas, ele enforma a herança e a visão de d. Fabrizio.

E não só a dele como dessa outra personagem, oculta, mas onipresente, e talvez mais importante de todas, que é o narrador. Com efeito, na descrição ou percepção do mundo externo, seja por via subjetiva dos heróis ou do narrador (quase proustiano), surpreende-nos, compondo um reino de sonho metafísico, a mesma angústia, o mesmo olhar fixo, querendo colher as coisas em sua extrema realidade, a ponto de devorá-las, tentando penetrar para além do seu ser no tempo e "escrutar os enigmas do nirvana", do nada, do não visto. Algo aí lembra a pintura de Chirico em sua fase metafísica.

É claro que essa focalização não domina o romance inteiro, enquadrando, ao contrário, momentos de excepcional adensamento de sua atmosfera. A pátina do tempo, recobrindo as coisas, também as corrói, convertendo-as em velharias, em trastes que se desfazem na poeira do contingente e, à luz natural, exibem o seu lado encarquilhado, murcho e ridículo. E Lampedusa não os teme, encara-os inclusive com frieza, com sombrio realismo, que disseca com sátira impiedosa a farsa dos homens e das instituições. Mas o que prevalece mesmo, por trás da máscara aristocrática, é um lírico enternecimento pelo humano, muito humano...

UM DETETIVE DE NOSSO TEMPO

No Brasil a obra de Leonardo Padura, que já se fizera representar em tradução brasileira por quase uma dezena de títulos, chamou a atenção em anos mais recentes por dois livros que causaram forte impressão nos seus leitores.

O primeiro é o romance policial-político sobre o assassinato de Leon Trotsky, magistralmente focalizado em *O Homem Que Amava os Cachorros*. No fio de sua trama "kremlinológica" e de seus agentes-personagens o que se desvela é um quadro surpreendente em termos de realidade histórica, com base em uma recriação ficcional dos fatos, das figuras e das relações que o compõe. Assim, as causas motivadoras de seus feitos no plano ideológico e político e o papel que neles exercem os indivíduos em confronto, pelo modo de ser de seu psiquismo, tecem a rede em que a luta pelos mais altos valores éticos e humanos de uma nova ordem social e política, tomados no contexto concreto dos fatos efetivamente registrados pela crônica da época, se convertem na maquinação das mais baixas e criminosas ações cometidas pelos militantes e em nome de seus direitos de instauração de um regime dos iguais.

O segundo romance em que a mescla do detetivesco, do histórico-político e da análise sociopsicológica, também prevalece e forja o instrumental da matéria narrativa, coloca-se sob o título em si dúplice, mas indicativo, de *Hereges*. O relato não se constitui de uma peça inteira que conduza seus personagens e suas peripécias por uma estrada real, única, do começo ao fim. Na verdade, ele se compõe de três narrativas até certo ponto autônomas entre si, mas, em última análise, ligadas ou permeadas por um conceito e um objeto comum. O conceito é o da liberdade, ou melhor, o da busca da liberdade, e o objeto é um suposto quadro de Rembrandt. Eles são a luz e a estrela polar do navegante cubano, na condição de autor e do seu alter ego, o detetive Conde.

O narrador desenvolve sua trama em um jogo de três lances que ocorrem em Havana no período pré-revolucionário, com extensão pós-revolucionária e na Flórida dos exilados, na Holanda e na Polônia do século XVII e, finalmente, nos dias de hoje, em Cuba. Nesse tríptico se repõe o embate com as repressões políticas, sociais e culturais vestidas com tropical, brejeira e garrida criatividade romanesca em problemas atuais e antigos de opressão do meio, de corrupção de dirigentes e burocratas, de preconceitos religiosos e intolerância, de busca de realização na arte e de insatisfações pessoais que levam à fuga e à morte.

A incorporação desses temas se dá, sobretudo, em figuras de jovens, ora individualizadas nas personagens centrais, ora difundidas em grupos. E, para deslindá-las em suas encarnações, o autor vale-se da bonachona, mas onipresente figura do detetive que faz o contraponto da razão lógica procurando pesquisar as causas das situações e descobrir os seus responsáveis. *Hereges* é, portanto, um *thriller* de alto e profundo voo, mas cujas rotas não vale a pena especificar, particularizando-as, para não tirar o prazer do encontro e da descoberta pessoal do leitor. Pois, com certeza, ele terá nesse romance o gosto de investigar e descobrir um relato profundo de vida de nosso tempo e de outros tempos.

SILHUETAS DA CRIAÇÃO

MESTRE GRACILIANO

Dizer que a celebração do sexagésimo natalício de Graciliano Ramos constituiu uma verdadeira consagração seria, talvez, repetir um lugar-comum. Mas é preciso afirmá-lo, pois nenhuma frase descreve melhor o caráter das homenagens que lhe foram prestadas. O mundo intelectual do país, em sua quase totalidade, associou-se a essa comemoração, que foi, na realidade, a festa das modernas letras brasileiras. De todos os recantos do Brasil, as maiores expressões de nossa cultura vieram a público manifestar a sua admiração pelo autor de *Angústia, Caetés, S. Bernardo, Vidas Secas, Sete Histórias Verdadeiras* e o livro de memórias, *Infância*. Essa unanimidade em torno da figura de Graciliano Ramos é particularmente significativa neste momento, quando no Brasil, como no mundo inteiro, os escritores se dividem em correntes antagônicas, cujos conflitos traduzem a situação de inquietude em que vive a humanidade.

Mas, as homenagens prestadas a Graciliano Ramos demonstram que o seu vulto e a sua obra já pertencem ao rol dos expoentes indiscutíveis da literatura nacional. E é outro grande escritor que o afirma à viva voz. José Lins do Rego, falando na sessão solene, realizada na Câmara Municipal do Rio de Janeiro, declarou em nome de todos os escritores do Brasil: "Viemos aqui para dizer que Graciliano Ramos é o maior de todos nós". E essa foi a constatação fundamental que fizeram, não só os demais oradores, como os autores das centenas de artigos que foram publicados em todo o território nacional, por motivo dessa comemoração. É verdade que o mestre retruca: "Nunca fiz nada que preste". Mas o valor de sua obra já escapa ao domínio de julgamento de seu criador. O povo brasileiro, através de seus representantes mais autorizados, endossou as palavras de José Lins do Rego. Daí por que pudemos ver nas fotos relativas à mencionada sessão, Jorge de Lima, poeta católico, não só ao lado de José Lins do Rego, como ainda de Jorge Amado, Cândido Portinari, homens marcadamente de esquerda, e de muitas outras figuras de nossas letras e artes, das mais variadas posições, e encontramos também, nos mesmos flagrantes, um público composto de pessoas de todas as classes sociais e idades.

Essa importância de Graciliano Ramos no panorama das letras nacionais decorre de uma obra que constitui um marco dentro da moderna literatura brasileira. Nela, se harmoniza o regional e o universal, o social e o psicológico, a temática e a estilística. O chamado Romance do Nordeste é produto de todo um grupo de escritores. E alguns criaram mesmo verdadeiras obras-primas. Mas, poucos dentre eles, conseguiram como Graciliano Ramos superar as limitações do folclórico e do regional, reunindo numa só peça o drama da sociedade com o drama íntimo do homem. As suas personagens não são meros bonecos manejados pela habilidade do narrador. Elas vivem, isto é, têm uma existência social e individual própria, peculiar e imanente. Daí por que seus conflitos, suas angústias e seus desejos são reais e não fabricados, atingindo àquela superesfera da criação em que esta é uma síntese do que há de mais real, em quinta-essência. E é exatamente por imposição desse realismo que os seus romances têm um "ponto de partida e outro de chegada". "Todo caminho dá na venda", diz Graciliano Ramos, caracterizando com essa expressão nordestina o processo de elaboração de seus livros. Mas, podemos agregar que isso descreve não só a sua forma de compor, como o próprio sentido de sua obra.

Graciliano não desenvolve criações arbitrárias, desordenadas, com uma linha de evolução cuja aparente liberdade serve para encobrir a confusão e a cegueira do próprio autor. A sua arte é consciente, expressiva e comunicativa. Ele sabe "como começa e onde acaba". E, por isso mesmo o seu depoimento não é casual, não se trata de uma fugitiva impressão das coisas, dançando, eventualmente, em meio de uma sarabanda de fatos e sensações desconexas e inacessíveis à compreensão dos demais homens. Graciliano Ramos diz algo que é a expressão, o próprio momento de consciência de um aspecto da vida brasileira. E, ao dizê-lo, ele o faz de maneira que o compreendam não só no Brasil, como no mundo inteiro. E a homenagem que lhe prestaram prova que é realmente compreendido.

Os livros de Graciliano Ramos foram traduzidos para vários idiomas, entre os quais, porém, não figura o hebraico. Israel, cuja receptividade para com os escritores estrangeiros tem sido admirada por todos, deve entrar em contato com as obras desse mestre da moderna literatura do Brasil. O público e a intelectualidade israelenses poderão, assim, obter uma visão íntima e real – essa visão tão necessária para a verdadeira compreensão – da vida de um povo, cuja importância cresce, de dia para dia, no cenário internacional.

MORREU GRACILIANO RAMOS

Na madrugada de 20 de março, o Brasil perdeu o maior romancista da atual geração. E por estranha coincidência, a morte de Graciliano Ramos verificou-se num mês em que se extinguiram algumas das figuras exponenciais do mundo contemporâneo. Tal fato, ladeado pelas manchetes bombásticas dos jornais e suas edições extras, deram uma sensação, quase física, do fim de uma era. De certa forma, isto é uma verdade.

No Brasil, por exemplo, o desaparecimento de Graciliano Ramos, "o mestre Graciliano", marca, sem dúvida, o início do fim de toda uma etapa da literatura nacional. Mas, não é este o momento, nem o lugar, para uma ampla análise da contribuição de Graciliano Ramos para a evolução literária do período em questão, que, certamente, figurará entre os mais importantes da história cultural do país.

Aqui, pretendemos apenas render o nosso tributo – o de *Brasil-Israel* e do redator desta página – ao mestre extinto. E, quando dizemos tributo, não pensamos numa dessas palavras ocas, pronunciadas à beira de túmulos ilustres. Não. Para nós, o termo traduz o profundo pesar de simples leitores das obras de Graciliano Ramos.

E que outra homenagem poderia ser mais autêntica? Não o conhecemos pessoalmente. Mas, através de seus livros, privamos da intimidade de seu pensamento, de suas mais íntimas emoções e de seu juízo estético e ético sobre os homens e as coisas. A sua pena nos abriu as portas de um mundo fechado para nós; conduziu-nos pelos meandros de uma *Infância* em que a primeira marca da injustiça e da prepotência – o castigo paterno por uma falta não cometida – gravam-se à chicote na sua sensibilidade; comunicou-nos a *Angústia* do homem vivendo a sufocação de seus anseios e a opressão de seus direitos; descreveu-nos, na singeleza da palavra de mil conteúdos, o drama do nordestino, acorrentado a *S. Bernardo*, esse latifúndio físico e mental; introduziu-nos no imenso aposento da *Insônia*, onde a dor geme em cada som.

Graciliano Ramos, essa criatura taciturna, com a sua melancolia de sertanejo, que olhava o mundo de soslaio, não hesitou em confiar a nós, seus leitores, aquilo que, talvez, não revelasse mesmo às pessoas mais próximas dele. Fomos os seus confidentes, através de milhares de páginas – aparentemente secas e angulares, mas, na verdade, cheias de ternura e compaixão – em que a precisão, a clareza e a economia de estilo, combinam-se com a observação aguda, o pensamento rico de matizes e sugestões e a poderosa capacidade de comunicação.

Assim, quem poderia sentir mais a sua morte do que o seu leitor anônimo, essa criatura cuja alma ele enriqueceu, cujo conhecimento e visão ele ampliou? E quem mais sincero neste último tributo do que esse mesmo leitor, seu companheiro e confidente de milhares de páginas, seu amigo fiel nas angústias, nos sofrimentos e nas esperanças de redenção da humanidade?

CECÍLIA MEIRELES

*E era uma nuvem repleta
entre a estrela e o vento.*

Noite, *Viagem*.

I

Com a morte de Cecília Meireles, perde o Brasil a sua maior poetisa. Nascida no Rio de Janeiro, a 7 de novembro de 1901, ficou órfã muito cedo. Foi criada pela avó materna. Afirmam os seus biógrafos que, desde os primeiros anos, mostrava decidida vocação para a poesia, ao que Sartre provavelmente replicaria: afirmação típica da inversão da ordem das causas e julgamento, válido, do começo a partir do fim. Seja como for, a verdade é que, aos dezesseis anos, ao mesmo tempo que se formava professora primária, escrevia os poemas que, em 1919, formariam os *Espectros*, seu livro de estreia.

Se se quer reduzir a sua vida a duas palavras, estas seriam educação e poesia. À educação dedicou não apenas o trabalho profissional. Foi também uma participante interessada nos seus problemas. Atestam-no a coluna sobre o ensino que manteve na imprensa carioca e iniciativas como a fundação de uma das primeiras bibliotecas infantis do país. Mas professora ela foi não só de primeiras letras. Lecionou aqui e alhures literatura e crítica, seja nas salas universitárias, seja nas salas de conferência. Quanto à poesia, só abrindo novo capítulo.

II

Eram os anos do modernismo. Em São Paulo, no Rio, em Belo Horizonte e Recife, grupos e revistas mudam a face da literatura brasileira. Um desses grupos é Festa. Tasso Silveira, Murilo Araújo e Cecília Meireles são os seus três expoentes. O que pretendem? Não são demolidores de aprazíveis jardins parnasianos. Ao contrário da alegre rapaziada paulista. A piada, a *boutade*, o estrépito klaxônico-futurista não os caracteriza. É gente, digamos, menos berrante. Também procuram libertação. Mas não pelo choque. Sofrem a tentação das profundezas e das formas. Os *Espectros* os rondam. Espiritualistas, de origem católica, vêm do impressionismo e do simbolismo. Encaminham-se em geral para um neo-simbolismo amplo, aberto. Querem captar a "realidade total".

III

A poesia de Cecília Meireles encontra aí algumas de suas definições. Na verdade, a maioria escapa a essas tabelas da crítica.

Dos *Espectros*, onde não faltam lavores parnasianos, até *Nunca Mais...* e *Poema dos Poemas* (1923), o estro é simbolista:

A chuva chove mansamente... como um sono... / Que tranquilize, pacifique, resserene... / A chuva chove mansamente... / Que abandono!... / A chuva é música de um poema de Verlaine..."

A mesma ambientação subsiste nas *Baladas Para El-Rei* (1925). Mas seria uma violência pretender encontrá-la na *Viagem* (1939). Aqui, tendências e escolas, ritmos e métricas, sintaxes e vocabulários fundem-se. Ou melhor, transfundem-se. A técnica torna-se inteiramente pessoal, embora cristalize algumas das experiências mais válidas da moderna poesia brasileira. Surge então a mestra da palavra. Mas da palavra a serviço da substância. "Preparei meu verso, / – diz ela – com a melhor medida: / rosto do universo, boca de minha vida." A experiência poética capta o mundo no espelho do espírito e o reflete no vocábulo certo. Este povoa-se, pois, de uma reflexividade universal e universalizante. É ao seu nível, o da consciência refletora, que: "Não sou alegre nem triste; sou poeta". *Viagem* é realmente a aventura da voz no mar dos sentimentos. E, como poucas, ela nos leva a "uma das raras grutas azuis onde mora a poesia", como disse Mário de Andrade, naquele artigo do *Empalhador de Passarinho* onde diz também: a Academia acaba de ser premiada por ter concedido um prêmio a Cecília Meireles.

A *Viagem* é a maturidade da poetisa. Ela conduz ao polo lírico de sua obra, com *Vaga Música* (1942) e *Mar Absoluto* (1945). Na musicalidade dos silêncios, vibra, dentro de sua transparência, a palavra carregada de emoção. O eu atinge o acme de seu vivenciar-se. Chega à cristalização de seu sentir. Faz-se "sereno desespero": "Pus-me a cantar minha pena / Com uma palavra tão doce / de maneira tão serena / que até Deus pensou/que fosse felicidade – e não pena". O mar dos sentimentos reflui. Desfaz-se em grandes claros. "O marinheiro de regresso, com seu barco posto a fundo", flutua ao sabor da corrente e na certeza do nada que o aguarda. A certeza desse porto é inevitável, resserena-lhe a alma. Sente-se passado. "Minha canção não foi bela: / minha canção só foi triste. / Mas eu sei que não existe / mais canção igual àquela" (*Retrato Natural*, 1949). Desinflado de si mesmo, ao natural, mas além de si mesmo. O poeta já se vê fora de si. Passa a narrar-se. Distancia-se objetivamente. Insere-se no mundo, na sua ordem e continuidade. Uma aventura entre outras, de outrem. O eu torna-se ele. A voz sai de dentro, para o alto. Faz-se épica.

Assim emerge o rapsodo da *Inconfidência* (1952). Do romanceiro ibérico vem o verso e, da tradição nacional, a proeza. Ouro Preto setecentista, o brilho aurífero do barroco mineiro e o sonho libertário de seus homens são os motivos com que Cecília Meireles compõe esse acalanto da nacionalidade: "Dorme, / meu menino, dorme, / que o mundo vai se acabar. / Vieram cavalos de fogo: / são do Conde de Assumar, / pelo arraial de Ouro Podre,/começa o incêndio a lavrar... [...] / Dorme, meu menino, dorme / – que Deus te ensine a lição / dos que sofrem neste mundo / violência e perseguição. / Morreu Felipe dos Santos: /outros, porém, nascerão..." A mesma inspiração épica, dita-lhe o *Pequeno Oratório de Santa Clara* (1955). A técnica do verso também é a mesma que no *Romanceiro da Inconfidência*. Escrito para o sétimo centenário da santa, o *Oratório* torna temático um lusitanismo que era apenas estilístico.

Mais do que isso, porém, essas duas obras – antecedidas por *Doze Noturnos da Holanda* e *O Aeronauta* e seguidas de *Pistóia* (1955), *Canções* (1956) e outras – dão uma medida da amplitude poética de Cecília Meireles. Abrangeu não só a imensidão do Brasil, as andanças por Aragão e Provença, por Bagdá e Calcutá, mas sobretudo a geografia infinita de uma alma sensível.

IV

Essa amplitude não se limitou a seu espírito criador. Também foi a de seu espírito cultor. Testemunham-no as suas conferências, os seus ensaios e as suas traduções. Estas últimas, por exemplo, correm o mapa-múndi. Citemos o *Orlando* de Virginia Woolf: poucas vezes terá encontrado a linguagem sutil da romancista de *Mrs. Dalloway* uma transposição igual. Tradução e original são filhas de sensibilidades irmãs. Mas não menos admirável é a maneira como recriou em vernáculo as *Mil e Uma Noites*. Cecília Meireles verteu ainda obras de Tagore, Maeterlinck, Ibsen, García Lorca. E já que mencionamos alguns de seus títulos de tradutora, por que não invocar também o da *Poesia de Israel*?

Na verdade, é a primeira vez que essa poesia, em suas manifestações modernas, encontra na língua portuguesa a mediação de uma grande poeta. Por que o fez? Por simpatia a um povo que lhe dispensou em Israel calorosa acolhida? Talvez. Mas talvez haja algo mais. Sobretudo quando se trata de alguém que sempre sentiu o apelo do Oriente espiritual. Alguém que procurou ler no mistério de seus grandes livros o sentido da condição humana. Alguém que escreveu:

A Bíblia é um mundo completo, palpitante, com a particularidade de nos apresentar em íntimo convívio as imagens de Deus e do homem, desde o instante profundamente passado da Criação, até os acontecimentos profundamente futuros da visão profética.

Alguém que via, no vetusto livro, um caminho que de tanto ser antigo era novo – o caminho da verdade íntima de cada homem e o da verdade transcendental do homem.

V

Está dito, ou quase, o que se deve dizer em uma nota. Ela nasceu, ela morreu. Ela foi grande, ela foi extraordinária. Ela foi. Ponto final.

Mas o fim é o começo. Ela voltou a ser. Ela é. Pelo menos, enquanto durar a memória dos homens. Reticências...

CRISANTEMPO[1]

Crisantempo. Crisântemo no tempo. Cristal no tempo em flor. A poesia de Haroldo de Campos a desdobrar a sua maturidade poética em que o poeta, odisseu das línguas e das linguagens, percorre um vasto mar de inspirações e transcriações. Dir-se-ia, uma epopeia do espírito e da cultura da modernidade feito fala da individualidade. Viagem é, sem dúvida. Mas, em essência, um périplo singrando as águas ignotas do horizonte do provável na aventura artística da épica dos descobrimentos e cuja estrela polar está nas cintilações de uma lírica que é um cristal a vibrar pelas ondas dos signos e dos versos, não só numa das mais concretas, mas, não menos, numa das mais depuradas faces da lira poética brasileira em seu moderno estro inventivo. E na esteira dessa arte, rede cristalina de crescimentos, onde Dionísio e Apolo se fazem presentes, o barroco da festa fenomenal e o

---

1. Para os setenta anos (menos um) de Haroldo; agosto (escrito adiantadamente em junho) de 1998.

suprematismo da mística transcendental, o viajante da temporalidade e da sensibilidade vai plasmando em seus roteiros a cartografia dos sulcos inscritos em seu *haroldian wake*.

Poetofagia tupi *or not* tupi de Oswald, Joyce, Pound, Mallarmé? Devoração dos códigos, das escolas e das etiquetas da tradição literária? Desconstrução, colagem, montagem, *zaum*, palimpsestos, parafonia, na *logopeia* da poética da "agoridade"? Sim, mas, ao contrário do que se poderia supor, em sua esteira não fica, pós-tudo, uma poesia de escombros. Em essência, está em pauta aqui a tentativa de rearticular a materialidade sensível e recapturar o vigor sígnico da escritura poemática, repotenciando-lhe a capacidade de configuração expressiva da polifacetada, poliglótica e polissêmica existência humana. Tal projeto, porém, vai além e, lance de dados fáustico na semiose das línguas, contempla transverter Babel no ícone de uma reconquistada interlocução universal, roçando, talvez, até mesmo uma repristinada linguagem adâmica.

Trata-se, na verdade, de um poeta que não teme o verbo e a infinita plasticidade de suas figurações, mas ele os enfrenta e os opera na terra dos homens, no seu fazer e no seu lutar, na filosofia de sua transcendência e na práxis de seu engajamento. Ironia, estranhamento, sinergia, sublimação no branco do papel ou na cor da tinta destilam seus filtros na alquimia do verso e perpassam como *poiesis* no espaço curvo as sucessivas pétalas de seu crisântemo que se abre no tempo do poeta.

Quem tem medo de Haroldo de Campos? Não é a poesia! E este florilégio na acepção da palavra o comprova. Marco de cinquenta anos de atividade inventiva e inovadora, tem a exuberância de uma nova primavera que, surgida *entre vênus e minerva*, celebra ao som dos gongos de *gozo* e da *harpa davídica*, com *gatimanhas e felinuras*, os encantos de *carmina*, em *novas transluminuras*. É esta a oferenda que a Editora Perspectiva traz ao seu leitor, neste livro da coleção Signos, certa de que ele poderá encontrar o prazer da palavra poética, à viva voz de um autor que tem a paixão de pensar e criar

galaxia cum finis mundo.

A PRESENÇA DE HAROLDO DE CAMPOS

A avaliação histórico-crítica da literatura brasileira do século XX dificilmente poderá ser feita de um modo objetivo omitindo-se a presença de Haroldo de Campos. Este ponto de vista já era reconhecido por quem quer que se dispusesse a efetuar um levantamento abrangente das correntes e das obras que estiveram no centro das propostas e das produções que marcaram o período e caracterizaram suas tendências e feições. Neste sentido, poder-se-ia até dizer que o poeta, ensaísta e crítico paulista, que manteve a sua militância vanguardista até o fim de seus dias, foi uma das figuras não apenas em foco, mas polares na visão do "novo" e na re-visão do "antigo" no plano literário e, para além dele, no cultural.

É evidente que a lógica dessa agenda apresenta fortes implicações e relações na que lhe antecede, a revolução modernista. Então, sinalizada e conduzida por dois nomes, hoje icônicos, Mário de Andrade e Oswald de Andrade, uma rebeldia transformadora fez saltar, com sua heterodoxia estética futurista, velhos cânones e abriu as fronteiras provincianas para uma conscientização da sociedade e do modo de ser do continente brasílico como uma autoconsciência nacional. Mas, em função mesma de seu projeto e do horizonte que perseguia na sua ação, ou ambição, ela foi relativamente restrita, digamos geograficamente concentrada. Porém, o período ulterior à Segunda Guerra Mundial, com suas lições apocalípticas, mas também integradoras de "um mundo só", trouxe à tona, no Brasil, e particularmente no que era então o seu mais potente motor econômico e tecnológico, São Paulo, um movimento cuja audácia levou a um extremo literário e estético um conjunto de ideias que já vinham sendo incubadas, pelo menos desde a irrupção modernista.

Assim, nas novas condições socioeconômicas e do processo cada vez mais acelerado de comunicação e interatuação dos povos e de suas produções culturais, pela primeira vez um movimento poético gerado em nosso meio extravasou o âmbito puramente interno e ganhou repercussão internacional, com o nome de Concretismo. Da tríade que levantou essa bandeira, os irmãos Campos e Décio Pignatari, muito já se disse e já se escreveu positiva e negativamente, em grande parte na perspectiva de uma unidade fechada, de grupo, isto é, sob o rótulo de *Os Concretos* ou *Os Concretistas*. Tal compactação que, sem dúvida, tem a sua razão de ser, sob um certo ângulo, mas que, de outro, não passa de uma redução cômoda e fácil para uma identificação direta e geral do conjunto ou para uma investida crítica. Pois, tomados em sua individualidade, a diferença entre os três principais mentores do grupo, para não incluir outros participantes, é no mínimo tão grande quanto a sua afinidade, mesmo no que tange aos "Irmão Si-a-mesmos", como o próprio Augusto de Campos, em recente artigo, deixou bem claro, e como Haroldo, em reiteradas declarações nos últimos anos, vinha acentuando.

De fato, restringir o autor de *Galáxias*, de *Xadrez de Estrelas,* de *A Educação dos Cinco Sentidos*, de *Finismundo* ou de *A Máquina do Mundo Repensada* à letra *stricto sensu* dos manifestos concretistas, constitui um apequenamento, no mínimo míope, de sua envergadura. Não que alguns dos princípios formulados ou explicitados dessa poética não tivessem sido retomados e operados por ele ao longo de toda a sua obra, mas se os operou de um modo sistemático, não se deixou enrijecer pelo formalismo que tantos pretendiam imputar--lhe. Ao contrário, o que distingue o seu estro de um modo muito especial é a amplitude de seu arco temático e, mais ainda, o fecundo poder criativo que lhe permitiu aplicar os seus procedimentos de maneira singularmente inventiva em um sem-número de soluções originais e inovadoras na dicção poética e na sua cristalização escritural.

Sem entrar numa análise específica dos elementos de que se valeu e das transformações que introduziu nos múltiplos setores em que suas realizações percorreram (poesia, ficção, teatro, ensaística, cinema, música popular e erudita, artes plásticas, publicidade, rádio e TV, design, crítica cultural, teoria literária, estética, tradução, semiótica, performance etc.), ressalta o caráter cosmopolita, na acepção kantiana, de suas aspirações e buscas no universo do homem, de suas línguas, de suas falas e de suas criações mais representativas, quer no código popular, quer no erudito. Nenhum desses veios escapava de sua ânsia de conhecer o seu "ouro" e de comunicá-lo, não a um receptor abstrato que o decodificasse eventualmente em esperanto ou numa futura língua cósmica, porém ao leitor brasileiro, esse ser concreto e contemporâneo que se exprime em português. Assim, a alquimia do verbo haroldiano soube transfundir nos significantes de seu verso um extenso espectro de significados filosóficos, linguísticos, antropológicos, estéticos e éticos, desenvolvendo uma feição estilística que fala por si das afinidades eletivas do poeta e da simbiose que sua pena realizava com a herança do passado no que ela gerou de mais original em termos de rupturas libertárias de formas e linguagens, e de mais expressivo, no processo de suas definições culturais.

Haroldo de Campos explorou as possibilidades linguísticas e formais do barroco até o extremo limite, plasmando-as em galáxias e constelações textuais que, em contínuas explosões estelares, floriram em universos poéticos. Mas a invenção do novo por esse seu agente não se esgotava no brilho maneirista da composição e do efeito, embora jamais renunciasse ao crivo da função poética como critério decisivo de suas elaborações.

Utilizou-a também para dar a palavra não só a uma eventual crítica cultural, social e política que resultasse de uma ou outra metáfora, metonímia ou aliteração engastadas nalguma estrofe, como para moldar em síntese e pontuar, tanto em verso quanto em prosa ensaística, concepções de toda ordem, desde as literárias até as científicas. Acabou constituindo destarte, em elocução e texto, uma rede, que por certo correspondia a uma insaciável demanda intelectual, em cujos nós cintilavam sempre interlocutores privilegiados e eleitos (como Pound e Maiakóvski, Dante e Benjamin, Goethe e Gregório de Matos, Homero e Sousândrade, Mallarmé e Oiticica, Derrida e Borges, Octavio Paz e Leminski, Marx e Prigogine, Costa Lima e Tomie Ohtake, Gilberto Gil e Mário Schemberg, Afonso Ávila e Mira Schendel, Joyce e Caetano Veloso, Antunes e Duchamp, Stockhausen e Cage, Bressane e Anatol Rosenfeld, Eco e Max Bense, e tantos outros), que retornavam periodicamente ao seu horizonte mental ligados por fios que "sinapsiavam" a *Ilíada* e os provençais, o Cântico dos Cânticos e a poesia andaluza, Dante e o verso árabe, Hölderlin e Zeami, Khlébnikov e "signos" nacionais e transnacionais que iam do jovem poema brasileiro ao milenar Livro dos Livros.

Toda essa multiplicidade de conexões e intercâmbios transculturais tinha, sem dúvida, seu ponto de acumulação no problema da linguagem, fluindo pelas línguas das gentes que o poeta procurou incansavelmente conhecer e dominar, não só por mera curiosidade idiomática ou pelo poder expressivo das palavras e por seus contrastes de articulação e sonoridade, mas sobretudo por uma espécie de pesquisa fundamental, um como que polo magnético a nortear sua ação multivariada – a recuperação, pela voz poética, da fala pristina de Rousseau, de uma *arché* universal que se teria extraviado na torre de Babel, a linguagem adâmica.

O percurso intelectual e artístico de Haroldo de Campos talvez possa ser resumido numa frase que faz dele "um aventureiro do espírito em busca da fala perdida do entendimento humano". Pois, no âmago de seu projeto, em que o gosto pela exploração de mundos ignotos no horizonte do provável se emparelha com o delicado cultivo lírico dos crisântemos em flor e de suas pétalas roçadas pelas emoções, não é descabido discernir a visão de uma alma de um humanista empenhado em descobrir na transcriação de seus signos a face não apenas oculta, mas inteira da humanidade.

A VERDADE DO POEMA NA "LÓGICA DO ERRO": AFFONSO ÁVILA

Seria unilateral começar esta apresentação da mais recente coletânea de poemas de Affonso Ávila referindo-a somente às constantes que de algum modo têm balizado a sua produção poética. Pois, mesmo aí, o telurismo mineiro e o barroquismo de sua veia, dois elementos mais sensíveis do temário e do desenho de seu estro, fazem contraponto com as buscas de uma linguagem de essencialidades como que talhadas na pedra e de uma consciência ética que afixa no seu discurso, pela ironia e pelo grotesco, a crítica a um estado de coisas e a uma ordem social aberrantes em suas petrificadas estruturas e valores de ontem e de hoje. Mas a integração de tais elementos, numa latitude maior, acentua-se, quero crer, sobretudo com a *Lógica do Erro*.

Que o seu autor está incluído entre os criadores mais inventivos das correntes vanguardeiras da moderna poesia brasileira, e que sua voz traz a expressão e a dicção de uma atualidade em que, tanto a tradição da sátira mineira e da lírica dos Árcades, quanto as presenças de Drummond, Bandeira e João Cabral se entalham na poética radical do concretismo e na referencialidade do verso participante, são fatos reconhecidos pelos exames mais pontuais de sua trajetória.

Mas é preciso reconhecer que em suas composições mais recentes, tais como as que se encontram reunidas neste livro da coleção dirigida por Haroldo de Campos, houve uma transformação, não propriamente nos componentes temáticos e nos lineamentos de sua articulação formal. Realmente, à simples leitura de poemas como "Delivrance", "Faça-se", "Horaciana", "Os ad os", "Lacaniana", "Oréstia" ou qualquer das dez odes joco-sérias da "Década 7", é possível captar a presença de todas essas especificidades que identificam a obra de Affonso Ávila em nossa literatura, porém o modo como o eu poético as encara e, sobretudo, como as formula, na relação criativa, constitui, a meu ver, algo novo e singular no repertório do autor.

De fato, aqui ficou enfeixada uma meditação quase capitulada sobre a passagem do tempo e da vida no humano viver do poeta e nas suas confluências com a arte poética, meditação que efetua um balanço contundente de um existir que já é passado, pelo filtro de seus poetas paradigmáticos. A subjetividade não flui mais como um ego definido, mas como um *self*-universo que se quebra, imanente, em pedras de um leito de céptica reflexão. E é justamente com o material desse desfazimento que se faz a rigorosa construção do poema, cuja verdade, mais uma vez, como visão, sentimento e linguagem surde da lógica do erro.

ANATOL H. ROSENFELD[2]

I

Quero agradecer o convite que a Academia Brasileira de Letras me fez para prestar um depoimento sobre Anatol Rosenfeld. Pessoalmente honrado com essa distinção, sinto-me ainda mais satisfeito pelo fato de tratar-se de uma sessão em que se põe em relevo a contribuição de intelectuais judeus, alemães e de outros países de origem, que tiveram de abandoná-los para escapar à sanha assassina do nazismo e de seus asseclas no mundo europeu. É claro que a escolha dos nomes de Otto Maria Carpeaux, Paulo Rónai e Anatol Rosenfeld não esgota de maneira alguma o rol dos escritores, jornalistas, professores, cientistas, industriais e um sem-número de homens e mulheres altamente preparados e, em boa parte, já conhecidos

2. Conferência realizada em 15 de dezembro de 2009, para o ciclo 1939 – O Trópico, Refúgio de Intelectuais e Artistas Europeus III, coordenado por Antonio Carlos Secchin para a Academia Brasileira de Letras.

como tais, que para aqui vieram e colaboraram com seus conhecimentos e talentos para o processo cultural brasileiro e nele deixaram sua marca indelével. Isso, não obstante o fato de se tratar de um período em que o Brasil passava por transformações socioeconômicas e culturais profundas em cuja agitação veio à tona, como borra e rescaldo, o Estado Novo, um regime autoritário que não ocultava suas atrações fascistizantes e antissemitas. O judeu, apesar de seu papel histórico na composição de nossa sociedade desde a Descoberta, era visto como um indesejável, explorador e sanguessuga, pária entre os homens, condenado a errar e ser fustigado pela humanidade cristã por suposto crime de deicídio cometido contra outro filho de Israel, Ioschua, Jesus de Nazaré. Ao milenar preconceito religioso, transportado também para essas plagas, somaram-se e mesclaram-se as discriminações carregadas pelas teorias da superioridade racial ariana e, por que não, branca, para não incluir a inevitável relação do eu pessoal e coletivo para com o outro. É claro que essa postura dizia respeito não à maioria do povo deste país, porém a estratos preponderantes de suas elites dirigentes que lhe deram presença, não apenas em atos individuais específicos, como em preceitos legais, haja vista a celebérrima circular secreta n. 127 e outras do mesmo jaez, acerca dos imigrantes desejáveis e indesejáveis, úteis e nocivos ao progresso nacional. Daí por que boa parte dos que escolheram o Brasil, na sua tentativa de escapar aos campos de concentração e, em última análise, aos crematórios que os esperavam no fim da linha, tiveram de se utilizar dos mais diversos subterfúgios para ingressar em nosso país. E foi assim que Anatol Rosenfeld aqui chegou, segundo declaração dele, aos 25 anos de idade, como turista procedente de Antuérpia. Para subtrair-se ao olho vigilante de Filinto Müller e dos beleguins da polícia, impossibilitado como se encontrava na época de obter a malfadada Carteira de Estrangeiro, Modelo 19, então recém-instituída, para que não se confundissem alienígenas aqui residentes há várias dezenas de anos com a pura cepa brasileira, o visitante candidato a uma ilegal permanência, intentando dar sumiço a essa incômoda situação, afundou pelo interior de nosso país continental. E, valendo-se das mestrias agrícolas obtidas na lavra dos textos de Kant, Hegel, Husserl e Hartmann ou na poda literária de Goethe, Schiller, Novalis e Heine, foi trabalhar como colono de uma fazenda, à sombra de cujas plantações o lavrador berlinense dos hortos românticos deu início ao seu cultivo da flora brasiliana – graduação que completou com uma pós-graduação como caixeiro viajante pelo interior paulista e mato-grossense. Foi essa outra *alma-mater* que gerou *Um Brasileiro Como Ele*, título que dei à minha tentativa de esboçar a relação de Anatol H. Rosenfeld com o Brasil.

II

Um dos aspectos que chama a atenção em Anatol H. Rosenfeld e que se tornou mais palpável agora, após a publicação da maior parte de seus escritos em português[3], é o forte vínculo que estabeleceu com o Brasil. Não se trata somente de sua assimilação da língua e do estilo em que veio a escrevê-la. Esse era um domínio que já lhe era reconhecido no período de suas intervenções mais acentuadas no debate intelectual paulista.

É claro que tal característica tem a ver com o que se pretende focalizar aqui, mas, de outro lado, poder-se-ia dizer que ela se prende principalmente a suas inerentes qualidades de escritor, manifestas tanto em seu idioma de nascimento quanto no de adoção. O interessante, porém, é que, sendo um espírito formado e lapidado pelo que havia de mais especificamente ocidental, europeu, alemão, quer no plano clássico quer no moderno, não tenha permanecido tão-somente em seu rico e suficiente caldo de origem. Outros imigrados da mesma qualificação intelectual e tangidos para cá pelas mesmas causas, tendo contribuído não menos do que Rosenfeld para o processo cultural brasileiro

3. A especificação deve-se ao fato de que Anatol escreveu bastante em alemão, não só após a sua vinda ao Brasil, em anotações e rascunhos subsistentes, como em artigos para a imprensa local ou do exterior nesta língua.

da atualidade, não desenvolveram (embora isso em nada diminua a importância de cada um deles individualmente e a de todos) o mesmo tipo de relação que Anatol teve com o universo humano e cultural de nosso país.

Refugiado no Brasil, Rosenfeld não foi alguém que aqui viveu exilado na língua e na cultura que o plasmaram. Não renunciou a elas, mas as colocou como que em diálogo com o seu novo meio de expressão. Tanto é assim que em quase todas as suas abordagens das coisas brasileiras aparecem sempre interlocuções com as vozes daquele universo, de Lessing a Gottfried Benn. Mas o seu percurso integrativo ultrapassa a fronteira da simples naturalização traduzida de heróis civilizadores.

Se se examinar a sua produção, afora os ensaios críticos sobre Mário de Andrade, Augusto dos Anjos, Graciliano Ramos, Jorge Amado, Lima Barreto, Osman Lins, Alfredo Mesquita, Dias Gomes, Plínio Marcos, o mito e o herói no teatro de Augusto Boal e o acompanhamento do movimento teatral paulista e brasileiro nos anos sessenta, encontrar-se-ão, entre outros textos, três estudos que definem por si sós um vínculo de outra natureza. Refiro-me aos trabalhos reunidos em *Negro, Macumba e Futebol*[4]. Lendo-os, verifica-se que, embora escritos para uma revista alemã e destinados a satisfazer a curiosidade de um leitor estrangeiro, não revelam o menor traço de uma excursão pelo exótico. Se por si os temas indicam um interesse por manifestações expressivas do *éthos* brasileiro, o modo de abordá-los comunica, por entre conceituações e descrições objetivas de caráter socioantropológicos, uma sintonia profunda com os objetos da análise.

Não é meu propósito intentar aqui uma leitura crítica dos estudos em questão, nem de seus pressupostos metodológicos. Fazê-lo está fora de meu escopo. Mas percorrendo os textos veio-me uma associação que talvez seja de alguma valia.

Creio não exagerar se disser que Anatol Rosenfeld foi, dentre os intelectuais judeu-alemães aqui desembarcados,

---

4. São Paulo: Perspectiva, 1993.

um dos que tiveram um contato dos mais estreitos, não só com as camadas urbanas das grandes cidades, mas com o mundo interiorano e rural de boa parte do país. Isso lhe ensejou uma vivência a que sempre evocava com muito calor e que parece ter impregnado de algum modo a sua observação atilada.

Colono de fazenda e, depois, por bastante tempo, viajante comercial, pôde conhecer não só extensões como intimidades de nossa realidade. E esse foi o seu aprendizado de Brasil. As gentes, suas feições e seus problemas foram se lhe mostrando no dia a dia, ao vivo de uma relação não privilegiada. E com isso naturalmente, por uma propensão própria, um singular senso do outro e uma abertura intelectual para a diferença, não só o código da língua, como o gesto e a conotação da *parole*, a semântica do peculiar, foram se fazendo suas, e assim os seus falantes começaram a tornar-se os interlocutores de seu espírito dialogante e crítico, e também de sua pena de escritor.

O que havia começado em Recife, com as primeiras sensações da chegada a um novo mundo e que assumira a forma de poesia alemã, ao impacto das criaturas e das paisagens foi perdendo o seu caráter epidérmico, de olhar estrangeiro sobre o estranho. Fez-se interioridade convivida e consabida do relato e do ensaio, em linguagem brasileira.

No ensaio, à medida que foi desenvolvendo a sua atividade de articulista e crítico, o manejo flexível e, ao mesmo tempo preciso da expressão conceitual, demonstrativa e descritiva, traduziu-se no que se poderia chamar de estilo pessoal, imediatamente reconhecido como tal por seus leitores que, quase nunca, ou apenas no uso de alguns preciosismos do vocabulário culto, estranhavam a fluência vernacular do autor. E por isso mesmo ele passou a ser cada vez mais requisitado, sobretudo no último decênio de sua vida, a fim de contribuir para diferentes órgãos de imprensa e revistas especializadas, com ensaios nos quais ninguém reconhecia o sotaque que era fácil de perceber na sua entonação oral.

Mas isso, poder-se-ia dizer, foi um processo assimilatório e aquisitivo que se desdobrou ao longo dos anos e de numerosa safra de textos. O surpreendente, todavia, é encontrar em Rosenfeld, logo nos primeiros tempos de sua vida aqui no país, uma série de crônicas e contos em que a delicada e sutil simbiose, entre o discurso analítico e o ficcional, faz emergir marcante familiaridade com as falas e os ritmos da oralidade peculiar da língua falada pelo homem brasileiro, envolta em um pertinente conhecimento das feições desses brasis, então – nos já remotos anos 1940 – bastante distanciados uns dos outros e ilhados em suas especificidades interioranas e provincianas.

É o que dá a seus relatos e flagrantes da topografia e da tipologia humana um acento que se diria nativo. De outro lado, há que notar a especial aptidão para a pintura ambiental, cujo poder de observação e cuja sensibilidade poética resultam em captações de um artista da palavra em plena empatia com os objetos de sua transcrição criativa. Não menos aguda é a sua fina percepção e viva caracterização psicológica e social de uma representativa seleção de perfis, de suas pulsações pessoais e de suas inserções coletivas.

Se a verve e a ironia fazem um recorte distanciador e, às vezes, profundamente crítico, elas não deixam de estar permeadas pela atração simpática e carregadas de generosidade para com o humano, muito humano... É claro que se poderia discernir também na esfera reflexiva que sempre existe neste escritor, subjacente, quando não ostensiva, o intelectual que pensa o mundo a partir de seu extraordinário cabedal filosófico, artístico e político. E, mais ainda, de um imigrado que se debruça sobre a existência a partir de sua dramática experiência de exílio e desarraigamento. Mas isso fica, nesses textos, para um plano de fundo, muito fundo e difuso, reconhecível apenas por lampejos de uma anterioridade vivencial, que pode surgir também na cabeça do leitor por contraposição ao que o narrador lhe conta, com algum vislumbre da própria história desse eu-narrador. Entrever-se-á mesmo, no desfecho de um relato como o "Mínien Manco"[5], uma tentativa de levar a história a um sentido além do desenho realista para fins satíricos: o de uma reflexão para-filosófica sobre o embuste como arma da verdade.

Um espírito especulativo poderia também divisar aí um lance mais elevado, ou seja, o modo pelo qual a *anima* das leituras thomas-mannianas, expulsa de sua germanidade, completava a sua viagem, na vivência exilada de seu leitor judeu no Brasil, reencontrando, quem sabe, a latitude perdida de sua outra terra *mater*... (E Anatol dá um pulo de espanto, na paz de seu túmulo.)

III

Como quer que seja, e não importa quão autêntica e significativa seja a experiência brasileira na obra anatoliana, a contribuição de seu autor não se restringe à fixação dessa vertente de sua atividade intelectual. Basta lembrar, como prova irrefutável, que afora as publicações em quatro livros que produziu em vida, os textos de ensaios, artigos, críticas, conferências e anotações resultaram postumamente na edição de dezoito obras, às quais deverão se somar ainda duas coletâneas em organização e outras tantas a serem compiladas a partir de seus escritos em alemão. Esse trabalho a mim confiado pelo grupo de amigos de Anatol e baseado no arquivo de seus papéis igualmente colocado sob minha guarda, tornou-se possível graças à dedicação e competência de Nanci Fernandes, à cooperação de Abílio Tavares, ao apoio do saudoso João Alexandre Barbosa, quando pró-reitor de Cultura da USP e de Carlos Vogt, quando reitor da Unicamp, bem como ao continuado empenho e participação de Plínio Martins Filho.

---

5. *Mínien*, ídiche para o termo hebraico *minian*, quórum, conjunto de dez homens que constituem o mínimo necessário para a realização de qualquer rito religioso judaico.

ANATOL ROSENFELD: UMA PRESENÇA

Há dez anos falecia Anatol Rosenfeld. Nesse espaço de tempo, tirando-se o tributo de testemunho que, com tanta perspicácia crítica e irônica empatia, Roberto Schwarz lhe prestou em 1974, sua figura e sua produção intelectual não foram objeto de nenhuma reavaliação mais ampla. Na verdade, quase nada se escreveu a seu respeito. No entanto, do interior dessa própria espécie de sombra de esquecimento em que aparentemente se viu lançado, o seu nome foi crescendo como uma presença importante no processo cultural paulista e brasileiro dos anos cinquenta e sessenta. A razão disto transparece de maneira sensível, quando se examina, por exemplo, o efeito de seus trabalhos que têm aparecido em algumas publicações póstumas. Em todos os casos, ainda que não haja encontrado eco nenhum nos comentários de imprensa, o material reapresentado reventilou o nome de Rosenfeld não só por causa de sua aparição em forma de livro, mas, acima de tudo, devido ao vigor e agudeza, à riqueza e conhecimentos que tais escritos revelavam, constituindo quase sempre contribuições críticas, filosóficas e literárias de grande atualidade, mesmo depois de decorrido mais de um decênio desde sua formulação. Mais ainda, sua pujança em termos de Brasil e da cultura brasileira se tornou até mais perceptível, convertendo-os em fatores vivos a serem considerados no quadro daqueles que têm contribuído como fermento para o estabelecimento do panorama moderno de nossa cultura, no plano de sua reflexão e avaliação intelectuais. Ora, uma repercussão da mesma ordem poderia ser apontada, no que concerne ao conjunto dos textos da lavra de Rosenfeld, o que talvez explique a silenciosa, porém larga circulação que alcançaram, sobretudo no meio universitário. E é por isso também que julgamos serem tais elementos, que de nossa parte destacamos apenas *en passant*, ao sabor de algumas linhas sugeridas pela lembrança do amigo, dignos de um estudo mais abrangente.

O resultado, quer-nos parecer por antecipação, seria do maior interesse. Não tanto para delinear a notável aventura intelectual de um jovem judeu alemão escorraçado (graças a Deus!) pelos nazistas e que veio bater nas plagas desta América do Sul e do sol, mas sim porque poderia articular os aspectos de um universo de reflexão e crítica em que se verificaram sagazes e penetrantes leituras de Thomas Mann, Brecht, do dadaísmo e do expressionismo, do barroco e do romantismo, da filosofia ocidental na sua latitude clássica e moderna, da psicologia, da antropologia social, do cinema, do teatro, das literaturas germano-franco-inglesas e, com admirável poder de ambientação no movimento literário brasileiro, dos padrões de vida e pensamento deste povo e desta nação, isso sem se esquecer dos contornos mais íntimos do mundo judeu.

Entretanto, essa promessa de resultado de exploração não passa de uma sugestão. A tarefa está por ser feita e é claro que as totalizações do empreendimento ficam a cargo de quem o fizer. De nossa parte, queremos apenas prestar o nosso testemunho, que é o de um convívio de mais de duas décadas com Rosenfeld. E o que restou em nossa memória como substância de sua individualidade intelectual. A bem dizer, tirando todas as denominações que demos acima, a imagem que, para nós, caracterizou a atuação desse homem poderia concentrar-se numa só: visão e, nela, olhar agudo, penetração crítica.

Nas conversas, discussões e aulas que com ele tivemos, impressionava-nos particularmente o acurado poder de análise que em todos os temas abordados ia ao âmago das coisas, sem perder a complexidade das relações. Anatol Rosenfeld era um homem das essências, mas também, e muito, dos fenômenos, daquilo que aparecia e como aparecia. Não é por outro motivo que era um fenomenólogo consumado. Aluno de Hartmann, mas também da escola fenomenológica alemã e, especialmente de Ingarden, cujas formulações estéticas introduziu no Brasil, sabia, como poucos, surpreender e fixar os fatos e a consciência deles no seu aparecer. Essa feliz combinação faz uma parte considerável do peso e do interesse de seus artigos e estudos. Na realidade, esse fato assumia uma feição sensível até no modo de exprimi--los, na linguagem. Acerado, irônico, sempre pronto ao jogo dialético, à discussão socrática, não dispensava, todavia, a expressão adequada, a magia da figura significativa e da imagem sugestiva, no verbo oral ou escrito. Tinha estilo em alemão e em português, porque tinha uma sensibilidade particular para o "como" do "o que". A importância que atribuía à poesia como palavra viva, não menos do que à poética, como meta-iluminação da palavra, é prova eloquente. Com isso, queremos dizer que não foi apenas um teórico do discurso literário, mas sim um escritor na acepção do termo, um plasmador de ideias e realidade, sob a figuração das palavras, na concretude dos textos e de seu discurso. Mas, assim como o poeta habitava no crítico e coabitava com ele, o olhar do analista também foi uma visão poética e, como tal, uma visão empenhada no seu objeto, no conhecimento intelectual e na captação sensitiva e emocional deste. Daí podermos afirmar que "o seu olhar" característico foi um engajamento na busca, não só de uma compreensão epistemológica, mas igualmente de uma introvisão ontológica. E, também, por contraditório que pareça, mas real como é, um engajamento ético. Anatol Rosenfeld, por trás daquele sorriso, conhecido por todos os que privaram com ele, céptico (fazia questão de proclamar a sua dúvida metódica e ametódica), epicurista (sibarita, proclamava com discrições de *connaisseur* o seu gosto pelos prazeres da mesa e da carne) era uma pessoa profundamente plantada em valores morais, no plano do indivíduo e da sociedade. Dedicou uma parte, não pequena, de sua vida em procurá-los por entre as ruínas e os escombros espirituais e sociais de nossa existência contemporânea.

Esse fato se tornou patente nos últimos anos de sua vida, quando, tendo de conviver novamente com as monstruosidades da tirania e da injustiça, da opressão e da exploração que conhecia e abominava desde a juventude, não hesitou em tomar posições ideológicas e políticas, inclusive no contexto brasileiro. Mas, independentemente disto e da pregação apaixonada, polêmica, do primado da razão, cujo tom surpreendeu a muitos nos últimos escritos, é possível discernir a mesma preocupação em tudo o que pesquisou e exprimiu anteriormente. Não é por acaso que sentia tanta afinidade com a obra de Thomas Mann e de Brecht. Desejava, como aquele, investigar o processo pelo qual tais valores se haviam perdido e, como este, encontrar "aqui e agora" os meios de um possível meio de recuperá-los, coisa que em seu íntimo cria...

O imperativo categórico, a exigência de inteireza e coerência no pensamento e nas atitudes ficavam a espiar pelas janelas de seu espírito com olhares envergonhados, tímidos, porém não menos insistentes e constantes. Tinha a exigência ética de um Isaías bíblico que fosse um fã de Kafka, Heine e Karl Krauz. O que talvez possa ser ilustrado com a seguinte história a seu respeito, e com a qual queremos concluir nossas considerações, que nos foi contada por um amigo de Rosenfeld, alemão e filósofo como ele. Um dia, num restaurante de São Paulo, ambos se banqueteavam com um delicioso *eisbein*, à boa moda germânica. No decorrer da "ágape", conversando sobre os costumes religiosos da comunidade a que pertencia, Anatol, com a boca cheia de carne de porco, não parava de verberar com extrema indignação e sinceridade, o procedimento de um certo rabino que costumava comer carne do impuro animal porcino, às escondidas de seu rebanho.

A PROPÓSITO DE DOIS RELATOS

Dois relatos de Anatol Rosenfeld. Ambos procedem do fim da década de 1940. Um deles, "O Professor e os Automobilistas", foi publicado na época no *Jornal de S. Paulo*. O outro, "O Inglês à Luz do Cachimbo", em cujo original datilografado o nome do autor aparece riscado e substituído pelo pseudônimo de "Aristóteles", também se destinava à publicação, como parece indicar o próprio recurso à pseudonimia. Contudo, uma vez que não pude pesquisar mais detidamente o fato, não posso afirmar com certeza se o texto foi estampado na imprensa pela Press Information, uma agência jornalística com a qual Rosenfeld colaborava.

Seja como for, o interesse desses escritos não está, em primeiro plano, em sua qualidade ficcional, ainda que não deixem de ministrar elementos dignos de certa consideração, sobretudo se forem examinados em conjunto com outras narrativas do mesmo autor, em português e alemão, algumas de certa extensão, que permaneceram inéditas.

Creio que isso ocorreu, por não satisfazerem a alta (ou talvez *super*, em se tratando dele mesmo) exigência literária de Rosenfeld. Mas se o atendimento ou não de tal critério pode ser objeto de discussão e não é certo que as reservas do autor sejam inteiramente fundadas, não há dúvida, em contrapartida, que a sua publicação agora oferece mais do que uma curiosidade biográfica. Ela revela algumas fontes e relações não só daquele "estilo" que tanto marcava a escritura ensaística e crítica de Rosenfeld, como certos traços da "outra face" de sua imagem, pelo menos da imagem que ficou mais ou menos estabelecida em muitos dos que cruzaram com o escritor, em artigos lidos, aulas ouvidas, conversas mantidas em encontros pessoais e, principalmente, no que dela restou como aura de seu espírito e de sua personalidade.

Com efeito, nesses relatos delineia-se, com contornos bastante nítidos, por sobre a figura do intelectual erudito, ponderada, muitas vezes até professoral, a despeito de toques de ironia socrática, o Anatol desabusado, sarcástico, que gostava de retalhar conceitos e valores no jogo do humor e da sátira, fazendo explodir opiniões consagradas por meio de chocantes curtos-circuitos de expressão e linguagem. Era ele cria daquela Berlim mefistofélica, carregada de alta voltagem ideológica, artística e política, dos anos pré-hitleristas. Aí, numa vida endemoninhada, da qual o cabaré literário se tornou uma das manifestações exemplares, a polêmica e a crítica, para não mencionar o conflito, teciam os extremos de uma etapa ímpar de uma cultura que, então, em meio à crise e ao descalabro social, lançava um furioso fulgor de ocaso já a bordejar as sombras da barbárie. Foi nesse caldo que se formou o outro Anatol, o que se comprazia justamente em revirar o fraque e a cartola ou, se se quiser, a borla e o capelo do professoral, mostrando o seu reverso grotesco – o solene, o doutoral, o consagrado, o documentado pilhados no flagrante de suas mazelas, pretensões, mentiras e irrealidades.

QUESTÕES AINDA CONTEMPORÂNEAS

UMA PEQUENA OMISSÃO[1]

Entre as comemorações do Quarto Centenário de São Paulo, destacam-se, sem dúvida, as ricas edições especiais em nossa imprensa. Estas, com suas centenas de páginas, constituíram-se não só em uma amostra da pujança de nosso jornalismo, mas, também, em um espelho do desenvolvimento da Paulicéia, em todos os aspectos e, sobretudo no histórico. Abalizados pesquisadores assinaram longos artigos, estudando os primórdios e a evolução dessa gigantesca metrópole, os fatores e os grupos que contribuíram para o seu progresso, bem como as figuras de seus fundadores, as origens e os feitos destes. A maioria dos trabalhos foi, naturalmente, elaborada com métodos reconhecidos de rigor e imparcialidade e visava a elucidar os elementos e as personagens fundamentais da história paulistana.

---

1. Publicado sob o pseudônimo "Castro do Brasil".

Notamos, porém, uma pequena omissão, ínfima, talvez... Folheamos todas as páginas impressas em nossa capital no dia 25 de janeiro de 1954 e não encontramos uma única alusão aos judeus. Já não nos referimos à fase contemporânea da cidade, onde seria de justiça salientar a contribuição dos imigrantes italianos, japoneses, espanhóis etc., mas também dos judeus. A inegável participação judaica no progresso industrial e comercial de São Paulo foi inteiramente obliterada. Como se não existisse ou constituísse um assunto particular, sem a menor ligação com a vida local. Entretanto, o que nos parece mais lamentável ou, se quiserem, um pequeno descuido, foi o absoluto esquecimento do fator judeu e cristão-novo na análise das primeiras etapas da evolução. Dizemos isso porque tal omissão, segundo cremos, leva a uma visão bastante incompleta da história de São Paulo, das circunstanciais sociais, políticas e religiosas que reuniram os seus primeiros povoadores e, inclusive, das forças propulsoras das descobertas e colonizações ibéricas no Novo Mundo.

No caso, não nos interessa discutir a origem judaica de João Ramalho ou a pura cepa fidalga dos companheiros de Martin Afonso, embora tais pontos sejam discutíveis. Tampouco desejamos estabelecer, para fins apologéticos, a insofismável participação hebraica e marrana nas expedições portuguesas e espanholas, quer como financiadores e navegadores, quer como matemáticos, médicos e astrônomos (nesse sentido, bastaria citar o nome de Abraão Zacuto), pois não cremos que isso aumentaria ou diminuiria o valor histórico dos feitos em questão. Mas, em nossa opinião, a verdade científica exige a análise cabal de um problema a fim de permitir a sua cabal compreensão.

Ora, o estudo da situação da Península Ibérica, na época, mostra que, no quadro das descobertas, os judeus, graças aos *imperativos* de sua condição econômica e social, compareceram a esse surto de viagens e explorações como um fator necessário. Por outro lado, a sua expulsão de Espanha e Portugal acentuou suas ligações com as terras do

Novo Mundo, quer por motivos de segurança física, quer por outras razões puramente pragmáticas. Em toda a América, inclusive no Brasil, encontramos vestígios da presença israelita ou marrana, além de seu inegável contato com a Companhia das Índias Ocidentais, na Holanda. Daí surge uma pergunta: Seria a cidade de Anchieta uma notável exceção? Por que não viriam ao planalto paulistano, se achamos traços de sua estada nas mais distantes paragens do Brasil? Seria por medo de Tibiriçá? Ademais, a semelhança entre os sobrenomes de algumas ilustres famílias paulistas e as de judeus e cristãos-novos portugueses, como é fácil constatar, seria mera coincidência?

Não acreditamos que qualquer estudo relativo à cidade de São Paulo possa evitar estes fatos, pois eles não decorrem da vontade ou do espírito de aventura de alguns homens, mas das imposições de uma época, das condições que determinaram os vastos movimentos de descoberta e exploração de novas terras. Trata-se, pois, sob certo ponto de vista, de uma pequena omissão... Mas, sob outro, de um lamentável, se não preconceituoso, erro de apreciação histórico.

UMA VOZ ÁRABE

O conflito judeu-árabe tem sido tratado como um antagonismo que só a violência pode dirimir. Em nome de um arabismo lesado em seus direitos por Israel ou de um israelismo ameaçado em sua existência pelos árabes, vozes da direita e, o que é pior ainda, da esquerda, manifestam reiteradamente que o problema não comporta solução pacífica e ao mesmo tempo positiva para as partes em contenda.

É bem verdade que no campo judeu não são poucos os adeptos de um pleno e pronto entendimento com o mundo árabe. Homens como Martin Buber, para não mencionar a corrente "kibutziana" e a ala radical do esquerdismo sionista, advogam-no. E não apenas por prudência ou por consideração geopolítica, que certamente compareçam, mas antes por questão de princípio. Não se poderia dizer, contudo, outro tanto no tocante ao campo oposto. Se, entre as duas guerras, socialistas e comunistas árabes subscreviam programas semelhantes, pelo menos quanto à possibilidade de cooperação entre os dois grupos, após a independência de Israel essa posição foi abandonada. Por conveniência tática ou por influência das ideologias nacionalistas, passaram eles a formar entre os que se opõem a qualquer aproximação com o novo Estado. Por isso mesmo, uma opinião como a que A. Razak Abdel-Kader expõe em seu livro *Le Conflit judéo--arabe*[2] surpreende o leitor.

Mas quem é Abdel-Kader? Deixemos que a revista *Esprit*, de abril de 1962, responda:

Sabe-se [...] que é um argelino, descendente do célebre Emir, que viveu grande parte de sua vida no Oriente Médio, que foi combatente voluntário da FFL, quando da campanha da Síria, que enfim é um dos raros árabes que trabalhou durante muitos anos num *kibutz* israelense. Os espíritos avisados afirmam que ele estaria filiado à tendência "curialista"' do PC egípcio. Diz-se igualmente, o que tem sua importância, que Abdel-Kader é membro influente da Federação da França da FLN.

Essa ficha biográfica lança alguma luz sobre a gênese de suas teses que vem romper uma espécie de tabu, um círculo de negatividade mágica. Entretanto, o valor de suas ideias não reside apenas nessa audácia que, por si só, seria absolutamente insuficiente. O que ressalta, na verdade, é o realismo e a coerência de sua análise.

Como ponto de partida estabelece ele que, se a Europa feudal e cristã ou burguesa e laica quase sempre tratou rudemente os judeus, rejeitando-os e perseguindo-os em nome de mitologias racistas e antissemitas, que proliferaram em seu âmbito, em plano bem diverso se colocam as relações entre árabes e judeus. Eles não só têm em comum a origem étnica e acentuado parentesco religioso, como, ao longo da história amiúde entrecruzada de ambos os grupos, momentos de colaboração pacífica e profícua, sem que se possa, nesse nível, discernir destinações inconciliáveis. Tampouco eram inconciliáveis os interesses que aparentemente geraram

---

2. Paris: F. Maspero, 1961.

o choque entre as nações árabes do Oriente Médio e a população judaica da Palestina e a imigração que a converteria em nação israelense.

Na Terra da Promissão sempre subsistira uma minoria judaica, continuamente renovada por múltiplos fatores, entre os quais não foi menor o desejo de retorno ligado à consciência de uma individualidade nacional, e em cujo tronco veio enxertar-se, a partir de 1881, a imigração moderna e sionista. Entretanto, o fato não provocou maiores protestos até o fim da Primeira Guerra Mundial, quando o poder otomano se desmoronou, enterrando sob os seus escombros o "o homem doente da Europa", e o Ocidente se apoderou da maior parte do império turco do Levante. Em função dos desígnios e das manobras desse novo predomínio, e principalmente do britânico, é que a contenda foi insuflada. Pois o conflito estourou "numa época em que os povos árabes não haviam atingido ainda a maturidade, nem adquirido independência, em que a minoria judaica da Palestina não era senão uma minoria étnica submetida, como a maioria árabe, ao domínio colonial e o Estado de Israel não passava de uma hipótese da história".

"Até o termo da Segunda Guerra Mundial, só à Inglaterra cabia a inteira responsabilidade pelo conflito árabe-judeu", afirma o autor e, se bem interpretamos o seu pensamento, a potência colonial utilizou esse antagonismo, cuidadosamente alimentado, como uma das peças mestras de sua política na região. Baseou nele a possibilidade de reverter em benefício próprio os processos sociais em curso e de superar as contradições inerentes à sua posição, a fim de resguardar o seu sistema de interesses e influências.

As condições que deram origem ao conflito e o avivaram cada vez mais, no decurso de quatro décadas, podem resumir-se nas seguintes: "Necessidade permanente, para a Inglaterra, de encontrar uma escapatória às aspirações permanentes dos povos árabes à libertação, que se manifestavam em crises periódicas cada vez mais violentas. Oposição radical existente entre os interesses do colonialismo britânico no

Oriente Próximo e a criação de um Estado judeu ou mesmo judeu-árabe na Palestina, visto que tal Estado provocaria profunda subversão nas velhas estruturas econômicas, sociais e políticas, em que se fundamentava de fato a dominação colonial da Inglaterra. Surgimento na Palestina de um novo grupo social, favorável à guerra contra os judeus e à partida destes. Compunha-se dos senhores feudais palestinenses e de suas famílias, reduzidos à miséria devido à venda das terras aos judeus e à dilapidação do produto dessa". Abdel-Kader acrescenta-lhes ainda o desenvolvimento das classes médias nos países árabes e de uma intelectualidade em boa parte sensível aos atrativos de um nacionalismo chauvinista antijudeu; o rápido progressos das bases econômicas da comunidade judaica na Terra Santa, o que consolidava as possibilidades de um futuro Estado próprio; e o incremento do intercâmbio material e espiritual entre judeus e árabes na Palestina, e entre os judeus e as populações rurais dos países vizinhos, o que poderia minar em seu fundamento o conflito entre os dois grupos e, talvez com ele, planos minuciosamente preparados, como o da Grande Síria e outros.

Seja como for, estas condições somadas à crescente presença do nazifascismo, respondem, entre as duas conflagrações mundiais, pelo turbulento e infeliz curso das relações árabes-judaicas, que culminou na prova de força de 1948. Para o autor, a luta dos exércitos árabes contra a soberania de Israel foi o de uma coligação do colonialismo agonizante com o feudalismo contra um povo que defendia a sua liberdade e vida. E a derrota anglo-árabe "assinalou o fim de uma época histórica e o começo de outra, tanto para Israel como para os países árabes, pondo termo definitivo à dominação inglesa no Oriente Próximo". Trata-se, pois, de um verdadeiro *tournant* na evolução desta parte do mundo.

A partir desse marco divisório, não só os Estados Unidos, cuja influência já se fazia sentir antes, como a União Soviética substituem no cenário levantino os antigos protagonistas europeus e, com espantosa rapidez, assumem aí os papéis principais. Ao mesmo tempo, e em evidente conexão com as forças que se defrontam no plano internacional, acelera-se, nesse novo período, o processo de desintegração das estruturas feudais e o ascenso das categorias intermédias, iniciando-se o despertar das massas populares para a consciência política. A tais raízes atribui Abdel-Kader a efervescência e a instabilidade que caracterizam a situação interna dos vários países árabes e que, na política externa, se refletem particularmente na sua atitude diante de Israel.

Com efeito, nas vicissitudes destas transformações econômicas, sociais e políticas, o anti-israelismo, vestido de novas roupagens ideológicas, tornou-se uma peça indispensável, na medida em que os sucessivos regimes dos Estados árabes estavam longe de satisfazer as aspirações e as tendências que os haviam levado ao poder e encontravam na pregação anti-israelense um meio de desviar o descontentamento popular. Na crítica que faz, por exemplo, a Nasser, a quem acusa entre outras coisas de "luta aparente com o imperialismo e as potências do dinheiro e de conluio secreto com eles", Abdel-Kader declara que o chefe egípcio fez de "Israel o seu bode expiatório permanente, e dos refugiados árabes um cavalo de batalha, cada vez que, em virtude do malogro de sua política, sente necessidade de reinflar o culto de sua pessoa" e, mais ainda, que tenta utilizar essa bandeira e o pan-arabismo "como instrumento de sua dominação do mundo árabe". Se o autor de *Le Conflit judéo-arabe* encara com olhos mais benevolentes o regime de Kassem, no Iraque, reconhecendo-lhe um caráter, não "pseudorevolucionário", como no Egito, mas "semirevolucionário", constata a existência em seu quadro da mesma componente e considera mesmo que, "enquanto Nasser e seu maior rival, Kassem, continuarem nutrindo em seus povos o anti-israelismo, as probabilidades do fascismo nestes dois países subsistirão".

Qual a posição israelense em face desse estado de coisas? Nascido de forças de "caráter proletário evidente" e institucionalmente situado, segundo o autor, entre a democracia e burguesia e a república popular, o Estado judeu deparou com contradições econômicas, sociais e políticas que se desenvolveram em ritmo desconcertante, determinando o seu deslocamento para a direita e, inclusive, a sua participação na campanha de Suez, embora não se possam menosprezar os motivos de legítima defesa que intervieram no caso. Essa associação ao Ocidente decorre, além disso, para Abdel-Kader, de outra causa: se Israel não apresenta o mesmo desequilíbrio sócio-político que os seus vizinhos, a despeito de seus graves problemas, não pode tampouco escapar às imposições da dependência econômica, tanto mais acentuada quanto o boicote e o virtual estado de guerra impedem a integração econômica israelense em seu quadro natural. Ainda assim, julga o autor que, na eventualidade de que um eixo Nasser-Kassem concretize um ataque militar a Israel, encontrar-se-iam latentes nesse país as forças que atuaram na guerra da independência e Israel "seria chamado a desempenhar um papel revolucionário semelhante ao que desempenhou em 1948".

Abdel-Kader não acha, porém, que essa seja a única perspectiva de resolver o problema. Há uma alternativa, também de caráter fundamental, capaz de "romper o círculo vicioso em que está encerrado o conflito judeu-árabe": a iniciativa de um país árabe-muçulmano que, emergindo de uma revolução efetiva, poderia, por sua condição democrática e social, por sua desvinculação com os aspectos demagógicos do pan-arabismo e com os interesses menores que alimentam o antagonismo entre Israel e o bloco árabe, contribuir com um novo e decisivo elemento. É claro que o autor tem em mente a Argélia, e ele o diz taxativamente, ao estudar em pormenor a sua luta pela libertação. E, embora os primeiros sintomas não sejam favoráveis à tese de Kader, não resta dúvida que só o novo Estado norte-africano dispõe potencialmente, no momento, das condições políticas e morais para propor uma saída ao impasse.

Entretanto, na falta dessa mediação, a violência, a guerra revolucionária, cujo atrativo Abdel-Kader sente, entraria fatalmente em cena e viria "abrir caminho em todos os países árabes, assim como em Israel, a regimes populares", os únicos aptos, segundo Abdel-Kader, a desfazer os fatores que "ainda alienam a independência completa dos povos árabe e israelense" e de concluir a paz entre ambos, enterrando definitivamente o conflito judeu-árabe.

ANATOL ROSENFELD E O IRRACIONALISMO

A questão do irracionalismo e do racionalismo preocupou muito Anatol Rosenfeld sob múltiplos aspectos. Na verdade, ela não poderia escapar-lhe, em primeiro lugar devido à sua formação intelectual fortemente calcada na filosofia. No seu caso particular, o problema e o confronto nele implicado se lhe apresentaram de maneira tanto mais aguda quanto no curso da vida teve de enfrentá-los não apenas no plano teórico. Nem por isso é permitido dizer que ele os haja encarado numa linha uniforme ou demasiado rígida. Os parâmetros pelos quais o pensamento de Anatol se construiu foram, grosso modo, os da tradição filosófica alemã que ele fazia convergir para dois focos principais: Kant e N. Hartmann. Conhecia muito bem os românticos, sobretudo Hegel e Schopenhauer. Marx tampouco lhe era alheio. Criticava o seu materialismo dialético, que considerava metafísico, mas fazia bom uso do materialismo histórico, em algumas de suas principais categorias e processos. Sob o mesmo ângulo, e talvez numa proximidade maior, era um leitor de Lukács, em relação a quem, no entanto, tinha muitas reservas, principalmente no que tange às conceituações estéticas e políticas, no período ulterior aos anos 1930. Não aceitava, por exemplo, as suas formulações sobre a dialética do romance e da novela, como expressões de plenitude e transição históricas. Walter Benjamin e a Escola de Frankfurt também faziam parte do seu horizonte, embora não fosse particularmente simpático às posições de Horkheimer e Adorno.

De outra parte, sem ser um seguidor incondicional de Husserl, tinha na fenomenologia um de seus instrumentos de trabalho, abeberando-se, sobretudo nas análises estético-literárias de Ingarden e, creio eu, nas colocações éticas de Scheler. Mas o existencialismo de Heidegger lhe era avesso, embora reconhecesse nele peso filosófico. Considerava a sua proposta, cujos meandros especulativos conhecia muito bem, como *Holzwege* (caminhos sem saída) e com esse título de um dos livros do filósofo caracterizava o pensamento do autor, após o *Ser e Tempo*. Do mesmo modo, recusava-se aos vivenciamentos espirituais e religiosos de Jaspers e Buber. Sartre e a corrente existencialista do pós-guerra não lhe foram indiferentes, mas endereçava-lhes uma crítica decorrente de um certo vício metafísico de origem. Como em Kierkergard e no próprio Heidegger, detectava neles, na relação do eu-consciência com o mundo, um ponto cego, intransponível, que os fazia girar em círculo na própria subjetividade.

Tais colocações, digamos anti-irracionalistas, faziam-se sentir também na sua visão, não apenas de Jung, cujos arquétipos lhe causavam revulsões, mas também de Freud, cujos "saberes" sem fundamento epistemólogico o deixavam céptico. Não duvidava de que poderia haver em ambos, mas sobretudo no pai da psicanálise, nas suas pesquisas sobre a natureza do sonho e do chiste, contribuições relevantes e elementos de eficácia terapêutica. Dizia, porém, apoiado em uma estatística suíça, levantada nos anos 1950, "que todas as terapias psicológicas tinham iguais probabilidades de cura".

Não pretendo inventariar todas as fontes do repertório filosófico de Anatol, em que caberia incluir Dilthey, Weber, Nietzsche e, creio, Simmel. A tarefa fica para uma pesquisa e uma análise em profundidade que já se tornam necessárias para delinear a personalidade de Rosenfeld e marcar a sua ação em nosso meio intelectual. Limitar-me-ei, atendendo ao pedido de Boris Schnaiderman, a dar um depoimento ao sabor de minha memória. Entretanto, devo acrescentar ao rol dos interesses filosóficos de Anatol o neokantianismo de Cassirer e as ideias de Susanne K. Langer, cujos escritos o atraíam particularmente pela penetração que lhe ofereciam no campo antropológico, linguístico e estético. Assim, por exemplo, a autora de *Filosofia em Nova Chave* teve em Anatol um de seus principais divulgadores, pelo menos nos vários círculos que frequentava. De minha parte, tenho certeza que a primeira vez que ouvi falar, com maior extensão, desses pensadores foi em aulas dadas por ele.

A esta altura, em face do problema que está sendo abordado aqui, poder-se-ia perguntar: Afinal qual era a posição de Anatol no debate entre racionalismo e irracionalismo? Não foi sem certa intenção que apontei algumas referências de seu universo filosófico. Não creio que qualquer delas defina estritamente o pensamento de Rosenfeld. A bem dizer, utilizava-se de tudo com um enfoque próprio. Minha opinião seria a de que era um pensador, por excelência, infenso a toda posição dogmática, mas que tinha emprego – em uma certa organização muito pessoal, não de um discurso doutrinário, porém lógico-crítico e inclusivo – para todos os componentes desse repertório. Aí, sem dúvida, a palavra era mantida em sua plena capacidade sígnica, de expressão de seu próprio código, e cognitiva, isto é, de expressão de verdades sobre o outro e o mundo.

Haveria nisso um certo ecletismo? Sim, se se levar em conta a multiplicidade dos elementos de sua dialética ensaística; e não, se se tiver em vista os dois núcleos gravitacionais de seu pensamento: Kant e N. Hartmann. O criticismo epistemológico dirigido particularmente aos fundamentos da metafísica e, curiosamente, o eticismo pouquíssimo racionalista da *Razão Prática* eram o que o impeliam para Kant; N. Hartmann, por sua vez, que fora seu professor em Berlim, marcara-o pela solução ontológica que dava aos problemas então em pauta na investigação fenomenológica e pelos fundamentos dessa natureza que conseguia atribuir às realidades irreais do ser estético.

Mas por aí se verifica que a partição entre racionalismo e irracionalismo não passava, para o espírito de Anatol, por um culto (e sim por uma cultura) da razão. Estava longe, por exemplo, da metafísica racionalista de Spinoza e Leibniz, mas não de Descartes, sobretudo nas *Meditações*. Na verdade, seu pendor, sua característica e sua escritura foram os de um crítico dotado de um pensamento essencialmente crítico-analítico, em sínteses originais. Isso naturalmente significou uma abordagem diferenciada, no curso dos anos, e conforme os aspectos específicos, do tópico aqui em foco. Mas nunca em todos esses casos lhe ocorreria decretar a falência da racionalidade. A história da loucura não justificaria, para ele, a recusa do juízo de razão, nem o positivismo lógico o levava a submetê-la ao primado da linguagem.

Isso não o impediu de posicionar-se, no campo político, de maneira radical. Testemunha e vítima que fora dos desvarios e barbaridades cometidos pelas mitificações ideológicas derivadas do irracionalismo romântico e nacionalista, era opositor ferrenho de toda orientação exclusivista, etnocentrada, fundamentalista, alimentada em místicas do Estado, do Chefe, da Raça, da Crença, da Classe, da Nação e da própria Razão. Crítico do regime capitalista e de seu modo de produção, nas suas consequências selvagens, nos seus processos de massificação, monopolização, consumismo e exploração das sociedades e dos povos, inclinava-se para um socialismo que jamais o ouvi definir, mas que, sem dúvida, era democrático e guiado por um *logos* e um *éthos* onde a *ratio* do homem se sobrepunha à da polis. Irreverente com instituições, hierarquias e máquinas burocráticas, cultuava, no íntimo, e fortemente, os valores universais do livre-pensamento e do humanismo, ainda que os mantivesse sempre submetidos a um foco crítico. A ciência não era para ele um ídolo, mas tampouco a dispensava como fonte de conhecimento objetivo e verdadeiro, e de transformação das condições materiais de vida, ao mesmo tempo que condenava o seu desvirtuamento em pura manipulação tecnológica, econômica, militar, política e comunicacional para a destruição e o exercício opressivo do poder. Revoltava-se tanto contra o anarquismo espiritual das místicas, a seu ver mitificações mistificadoras, quanto contra os processos concentracionários e alienadores do indivíduo e do cidadão nos antigos e modernos castelos kafkianos. Isso, porém, não o impedia, na prática, de tomar partido, segundo razões teóricas muito sólidas, se julgasse ameaçado o espaço da liberdade. Foi o que aconteceu aqui, nos anos da ditadura. Sentiu-se convocado a se lhe opor e o fez não apenas com uma solidariedade passiva, mas também através de sua pena na imprensa e de sua palavra nas salas de conferência. Sua militância contra a irracionalidade reinante no País tornou-se tão declarada e ideologizada que chegou a ser tomada como um estrito alinhamento nas fileiras de certa bandeira política.

Mas, embora na época investisse contra o menosprezo da palavra como portadora dos significados de verdade do discurso e polemizasse com uma arte, como a do Living Theater ou a do Grupo dos Lobos, que pretendia substituir o sentido da razão pela razão dos sentidos, o modo de ver de Anatol Rosenfeld na literatura, nas artes e na cultura deve ser compreendido, no que diz respeito ao problema do irracionalismo, em um espectro mais amplo.

O modelo que se pode projetar para o seu pensamento é o de Thomas Mann. Sua afinidade com o espírito e a obra desse escritor era extrema. Nos cursos que ministrou a seu propósito e na exegese que efetuava de suas criações literárias, fazia caminhar a elaboração ficcional e filosófico-política do romancista entre o espírito wagneriano da música, do dionisíaco, e o espírito goethiano do plástico, do apolíneo, entre o classicismo e o romantismo alemães, entre a crítica nietzscheana a todos os valores na busca de sua transvaloração, que lhe permeia os escritos iniciais, desde *Os Buddenbrooks* e *Tônio Kröger* até Morte em Veneza, e a crítica à perda de todos os compassos racionais na Alemanha do *Dr. Fausto*, entre o nacionalismo belicoso das reflexões de um homem apolítico até o decidido engajamento contra a irracionalidade do nazismo. Como ele, Anatol sentia a sedução da "alma romântica" de Novalis e Hölderlin, encantava-se em poder embalar-se em sua lírica e, não menos, desfrutar de sua ironia antifarisaica, como a de um Heine. E nessa direção, não é de surpreender que pudesse embarcar com simpatia nas revoltas expressionistas dos filhos enjeitados da sociedade guilhermina, nas rupturas vanguardistas da linguagem poética e teatral e na contestação dos modelos consagrados pela tradição, a ponto de vir a sustentar que "dadá não está gagá". Ao mesmo tempo, como o autor de *A Montanha Mágica*, no embate entre a lógica da razão desarrazoada e a da razão bem temperada optava, não pelo jesuitismo místico de Leo Nafta, mas tampouco pelo racionalismo romântico de Settembrini, pois ambos se achavam sob o signo da doença e não poderiam oferecer um caminho para Hans Castorp, na sua busca pedagógica de reintegração na vida e na sociedade. Mesmo o paradoxo da lógica ilógica de sua descida para a vida que o conduz à morte não impediria que, tendo alcançado no Roman o termo de seu Bildung, Castorp alcançasse por aí precisamente o espaço de liberdade do espírito humano, na sua contingência, onde a racionalidade retoma o seu primado.

Assim como para a personagem de Thomas Mann, para Anatol Rosenfeld, a caça à razão de ser tinha sentido. Não poderia terminar no nada, pois, do contrário, a própria caça não teria sentido. Isso, todavia, não o levava a procurar o racional, o essencial e o real somente na esquina do cotidiano, na trivialidade puramente factícia e realista. Ao invés, o seu fascínio estava no fenomenal, no complexo, no não íntegro, no não coerente, no bizarro, no fantástico, no irreal. Daí o seu gosto pelo jogo irônico que, na arte de Thomas Mann, fazia emergir pelas construções paródicas as incongruências grotescas. Considerava-o, ao lado de sua qualificação enquanto procedimento artístico, uma inestimável gazua epistemológica e crítica – o gatuno racionalista do irracionalismo. O romancista não apenas lhe revelava o mundo, a vida e a arte, porém lhe ensinava a revê-los. Era qual um fenomenólogo que, conforme N. Hartmann propunha, não ficava apenas no "objeto intencional" da consciência, mas lhe entremostrava o próprio ser.

O mesmo jogo lúdico do sério, do cabaretier em cruzada messiânica, dos três vinténs operísticos das vítimas da fome, dos apetites do baixo ventre da cabeça científica de Galileu, fazia da obra de Brecht um banquete socrático para a ironia dialética de Anatol. Só que desta feita não se trata da maiêutica do romance. Agora, as ideias partejadas estão explícitas na verbalização dos demiurgos do discurso: as personagens. Mais do que isso, o *logos* de suas falas, que tem a intenção declarada de emitir também juízos de verdade, é operado por uma razão poética que pretende, concomitantemente, ser razão ética e razão histórica. O irracional, caixa de Pandora de todas as imperfeições da ordem coletiva e de seu governo, além de repositório das paixões, é suscitado como servidor dionisíaco que ajuda a iluminar a razão do protesto social e do combate político, sob a égide do marxismo, na cruzada por uma ordem comunista redentora, em cujo fundo o deus do entusiasmo talvez reapareça para a celebração.

De qualquer modo, tanto quanto o racionalismo da crítica brechtiana à estrutura da sociedade burguesa e ao sistema capitalista, potenciados no fascismo, o que alimentava, no autor de *O Teatro Épico*, a empatia, naturalmente com o devido distanciamento, pelo poeta do teatro didático e épico era, sobretudo, a congruência da natureza de sua proposta com a forma artística, isto é, com a racionalidade das estratégias poéticas e teatrais da invenção. Creditava-lhe a originalidade de ter conseguido realizar na sua obra uma atrevida e verdadeiramente revolucionária síntese entre vanguarda política e vanguarda estética. O resgate que tal inovação possibilitava era, para Rosenfeld, mais do que a simples razão formal da obra dramática. Em uma arte onde a ilusão mimética sempre imperara às custas da consciência crítica do público, o palco brechtiano, dominando deliberadamente as emoções humanas, as desrazões da alma, sem expulsá-las, instalava uma linguagem capaz de concretizar não só a metáfora e a parábola de seus objetos, como a dialética e a ética dessa consciência crítica na sua relação com eles.

Brecht, Thomas Mann, Kant, N. Hartmann são apenas algumas das balizas de uma tentativa de acompanhar o percurso da extraordinária curiosidade, conhecimento e argúcia intelectuais de Anatol Rosenfeld, sob o prisma do confronto entre o racionalismo e o irracionalismo. Tenho certeza de que meu amigo iria questionar tudo o que construí a seu respeito com as lembranças de nossas conversas e as leituras de seus, ainda hoje, instigantes ensaios. E com razão. Pois, seria vão querer esgotar com um juízo sintético o espectro irisado de seu pensamento, mesmo porque era um sofista nato que tinha o prazer do debate, não pela retórica, mas pelo conhecimento. Creio que, como muitos de seus modelos gregos, foi um efetivo e engajado buscador da verdade ou das verdades. Tanto quanto discutiu a desrazão das coisas, jamais duvidou da razão da discussão. Daí por que acreditava, acredito eu, que de algum modo ou em algum dia chegar-se-ia, por aí, à luz do entendimento.

Mas quero encerrar meu testemunho a seu respeito com uma de suas frases favoritas, a qual talvez deixe em suspenso tudo o que escrevi ou pretendi dizer. Trata-se da célebre sentença de Schiller: "Quando a alma fala já não é a alma que fala". Ou será que em lugar da alma se deveria pôr a razão?

Este livro foi impresso na cidade de São Bernardo do Campo,
nas oficinas da Paym Gráfica e Editora,
para a Editora Perspectiva.